Korea Bebras Challenge 2024

비버챌린지와

함께하는

컴퓨팅 사고와 정보과학

2024년도 기출문제집

초등학생용

주최 한국비버정보교육연합(Bebras Informatics KOrea, BIKO)

주관 한국비버챌린지(Bebras Korea)

후원 넥슨(Nexon), 한국과학창의재단, 한국교육방송공사(EBS), 한국정보교사연합회, 한국정보과학회, 한국컴퓨터교육학회, 한국정보교육학회, 아주대SW중심대학사업단, 생능출판사

집필진

김동윤 (아주대학교)

김도용 (인천석정초등학교)

김민정 (고양백신초등학교)

김슬기 (초당초등학교)

김인주 (호서대학교)

김주현 (봉담고등학교)

김지혜 (충청북도교육청)

김태훈 (제주대흘초등학교)

김학인 (한성과학고등학교)

박아영 (양주산북초등학교)

예홍진 (아주대학교)

이진주 (대구소프트웨어마이스터고등학교)

이현아 (세종과학예술영재학교)

임건웅 (보람고등학교)

전용주 (국립안동대학교)

전현석 (경기과학고등학교)

정상수 (경기과학고등학교)

정웅열 (백신중학교)

조병규 (제천명지초등학교)

비버챌린지와 함께하는
컴퓨팅 사고와 정보과학

2024년도 기출문제집(초등학생용)

초판 1쇄 인쇄 2025년 3월 10일

초판 1쇄 발행 2025년 3월 14일

지은이 한국비버챌린지(Bebras Korea)

펴낸이 김승기, 김민수

펴낸곳 (주)생능출판사 / **주소** 경기도 파주시 광인사길 143

출판사 등록일 2005년 1월 21일 / **신고번호** 제406-2005-000002호

대표전화 (031)955-0761 / **팩스** (031)955-0768

홈페이지 www.booksr.co.kr

책임편집 최동진 / **편집** 신성민, 이종무 / **디자인** 유준범(표지디자인)

영업 최복락, 심수경, 차종필, 송성환, 최태웅, 김민정

마케팅 백수정, 명하나

ISBN 979-11-94630-02-9 (03000)

정가 13,000원

 ## 비버챌린지(Bebras Challenge)란?

비버챌린지는 컴퓨팅 사고(Computational thinking)와 정보과학(Informatics)을 경험할 수 있는 전 세계인의 축제입니다.

- 특별한 사전 지식이 없어도 누구나 도전할 수 있습니다.
- 컴퓨터 기반 테스트(CBT) 환경을 통해 어디에서나 쉽게 참여할 수 있습니다.
- 비버챌린지의 모든 문제는 컴퓨팅 사고를 통해 해결 가능한 흥미롭고 재미있는 상황을 담고 있습니다.

 ## 비버챌린지 그룹

비버챌린지는 학생들의 연령과 수준을 고려하여 6개 그룹으로 구분되어 있습니다.

구분	대상	문항수	시험시간
그룹 I	초등학교 1~2학년	8문항	30분
그룹 II	초등학교 3~4학년	10문항	35분
그룹 III	초등학교 5~6학년	10문항	35분
그룹 IV	중학교 1학년	12문항	40분
그룹 V	중학교 2~3학년	12문항	40분
그룹 VI	고등학교 1~3학년	12문항	45분

 ## 비버챌린지는 순위를 매기지 않습니다.

비버챌린지는 컴퓨팅 사고를 즐기며 도전하는 데 의의를 둡니다. 따라서 개인 석차나 백분율은 제공하지 않습니다. 또한 참가 학생들의 개인 정보를 제외한 응시 결과는 정보(SW)교육 발전을 위한 연구에 활용합니다.

한국비버챌린지(Bebras Korea)란?

비버챌린지는 세계 최고의 정보과학 & 컴퓨팅 사고력 축제입니다.

- 한국비버챌린지는 우리나라 정보(SW · AI) 교육을 위해 봉사하는 현직 교사 · 교수들로 조직된 비영리 단체입니다.
- 한국비버챌린지는 비버챌린지 문제 개발 및 챌린지 운영, 정보(SW · AI) 교육 연구, 교재 집필, 교사 연수 및 학생 캠프 강의 등의 역할을 수행하고 있습니다.
- 한국비버챌린지(www.bebras.kr)는 국제비버챌린지(www.bebras.org)의 공식 회원국이 된 대한민국을 대표하여 다양한 국제 협력 활동에 적극 참여하고 있습니다.

홈페이지(www.bebras.kr)

🗨 신청하기 (9~10월경)

1 단계

- 비버챌린지에 도전하기 위해서는 회원가입과 참가신청이 필요합니다.
▶ 로그인/회원가입
▶ 참여하기 ▶ 참가신청

🗨 연습하기

2 단계

- 기출문제를 체험하면서 비버챌린지 문항 및 응시 방식에 적응할 수 있습니다.
- 예시문항은 누구나 상시 체험 가능하며, 참가 학생들은 모든 기출문제를 1년간 체험할 수 있습니다.
▶ 참여하기 ▶ 연습하기 ▶ 응시코드 입력

🗨 도전하기 (10~11월경)

3 단계

- 성적에 관계없이 도전하기에 참가한 모든 학생에게 이수증을 발급합니다.
- 도전하기 기간이 끝난 이후에는 응시결과 확인, 설문 참여, 문제 다시 풀어보기가 가능합니다.
▶ 참여하기 ▶ 도전하기 ▶ 응시코드 입력

🗨 해설 강의 보기 (상시)

4 단계

- 비버챌린지 유튜브 채널에서 그룹별, 문항별 정답 및 풀이를 확인할 수 있습니다.
▶ www.youtube.com/bebraskorea 접속하기

유튜브 동영상 강의 안내

한국비버챌린지에서는 본문의 문제와 관련된 유튜브 동영상 강의를 제공하고 있습니다.

① 웹브라우저를 이용해 한국비버챌린지 유튜브 채널에 접속합니다.
www.youtube.com/bebraskorea/

② 재생목록 탭을 클릭합니다.

③ 재생목록의 이름을 통해 연도와 그룹에 맞는 재생목록을 클릭합니다.

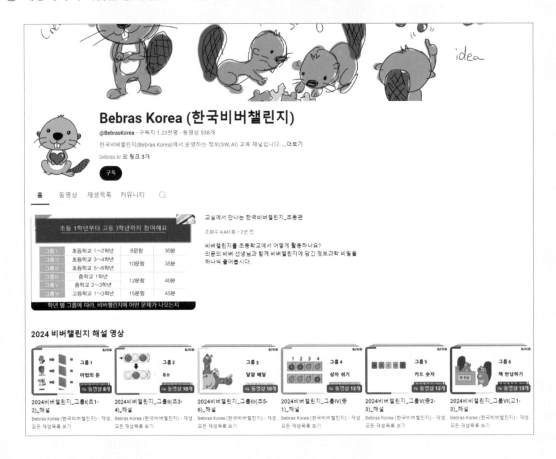

온라인 무료 학습공간 BIKO 소개

배우고 싶었던 프로그래밍 교육
학교에서 들은 수업만으로는 부족함을 느끼지 않으셨나요?
프로그래밍을 더 알고 싶은데 공부할 기회가 없었나요?

누구나 무료로 배울 수 있는 학습의 기회를 제공하기 위해 BIKO가 탄생했어요!
컴퓨팅 사고력은 물론 창의력, 문제 해결 능력까지 키워보세요.
프로그래밍 첫 발걸음, 프로그래밍 기초부터 심화 과정까지
내 수준에 맞춰 공부할 수 있어요.
BIKO의 프로그래밍 학습으로 내가 상상한 것들을 현실로 만들어 보세요.

BIKO에서 제공하는 다양한 콘텐츠들과 프로그래밍 문제들을 통해
단계적으로 학습하며 프로그래밍의 즐거움을 느껴보세요!
(BIKO는 C/C++, Python 등의 텍스트 기반 언어를 사용합니다.)

비버 챌린지

코딩 초보도 환영! 게임 같이 재밌는 문제를 풀어 보며,
기초 학습과 컴퓨팅 사고력을 기를 수 있어요.

빈칸 챌린지

프로그래밍 언어를 몰라도 괜찮아요.
오직 BIKO에서만 풀 수 있는 빈칸 채우기 문제로 텍스트 코딩을 배워보세요.

프로그래밍 챌린지

BIKO에서 배운 코딩 능력으로
국내 프로그래밍 대회의 기출문제도 도전해 보세요!

www.biko.kr

향상된 컴퓨팅 사고력으로 미래의 IT시대를 만들어 가는 프로그래밍 리더가 되어 보세요.
여러분이 바로 프로그래밍을 통해 세상을 바꾸는 새로운 주인공입니다.

BIKO는 대한민국 정보교육의 발전을 위해 헌신하는 정보교사 및 교수진으로 조직된 비브라스 코리아와 탄탄한 개발력과 크리에이티브를 바탕으로 글로벌 게임 산업을 선도하는 넥슨이 함께 만들어 갑니다.

* BIKO는 'Bebras Informatics Korea'를 줄여서 부르는 말입니다.

Bebras Challenge
차례

이 책의 활용 방법

이 책의
활용 방법

5단계 학습 방법

1단계

문제의 배경 ●
문제를 풀기 전 주어진 상황을 알아봅니다.

문제 파트

2단계

문제 / 도전 ●
앞의 상황과 문제에 주어진 조건을 연결하여
문제를 풀어봅니다.

3단계

설명 ●
앞에서 풀어본 문제의 풀이 과정을 자세히 확인합니다.

해설 파트

4단계

핵심 주제 및 참고 웹사이트 ●
문제에 정보과학의 어떤 주제가 담겨 있는지 확인하고,
참고 웹사이트를 방문하여 개념을 이해합니다.

5단계

문제 속의 정보과학 ●
문제 속에 담긴 정보과학의 주제와 문제가 구체적으로
어떻게 연결되는지 알아봅니다.

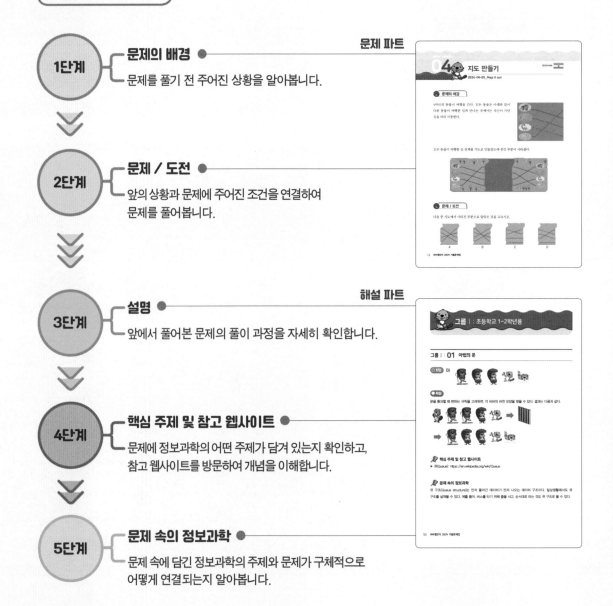

Bebras

비버챌린지 2024

그룹 I

초등학교 1~2학년용

01 마법의 문

대한민국(South Korea)

2024-KR-01_Magic Door

 문제의 배경

비버가 지나가면 모양이 바뀌는 마법의 문이 있다. 문을 통과하여 바뀌는 비버의 모양은 아래와 같다.

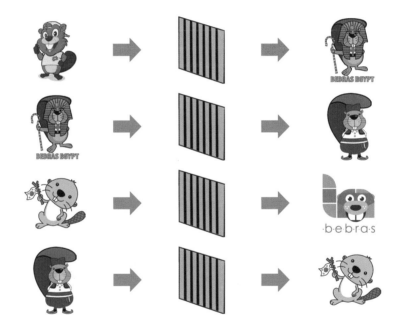

문제 / 도전

비버들이 다음 순서대로 마법의 문을 통과한다면 어떤 모양으로 변할지 보기에서 고르시오.

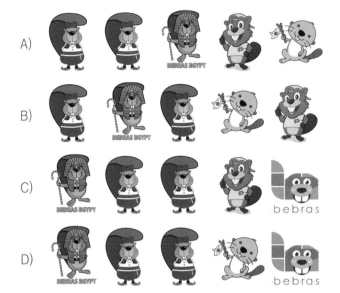

02  사진 붙이기

2024-MY-03_Online Class

문제의 배경

9명의 학생이 긴 책상에 나란히 앉아 있다. 학생들은 각자 앞에 놓인 노트북으로 사진을 찍었고 양옆의 친구들도 살짝 찍혔다. 선생님은 학생들의 사진을 앉은 순서대로 하나로 이어 붙이려고 한다.

문제 / 도전

모든 사진을 한 줄로 이어 붙인 사진이 아래와 같을 때 5번째 학생(?)을 고르시오.

A) 우주

B) 지아

C) 유나

D) 서아

E) 우진

03 팔찌 정리

2024-BR-04_Organizing bracelets

브라질(Brazil)

 문제의 배경

빅토리아는 7개의 칸이 있는 팔찌 상자를 가지고 있다.

빅토리아는 팔찌의 색깔과 색깔 순서를 확인하고 같은 색깔과 색깔 순서로 표현된 팔찌 상자 칸에 넣어 정리한다.

아래 그림은 빅토리아가 팔찌 중 하나를 팔찌 상자의 칸에 넣어 정리한 것이다.

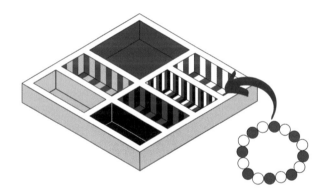

문제 / 도전

빅토리아가 팔찌 상자의 칸에 넣을 수 없는 팔찌를 보기에서 고르시오.

A)   B)   C)   D)

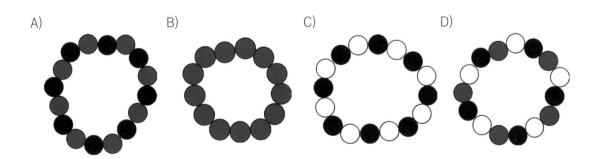

지도 만들기

2024-IN-05_Map it out

인도(India)

 문제의 배경

4마리의 동물이 여행을 간다. 모든 동물은 아래와 같이 다른 동물이 여행한 길과 만나는 곳에서는 자신이 가던 길을 따라 이동한다.

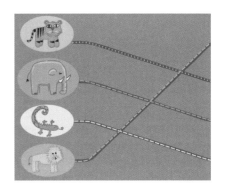

모든 동물이 여행한 길 전체를 지도로 만들었는데 중간 부분이 사라졌다.

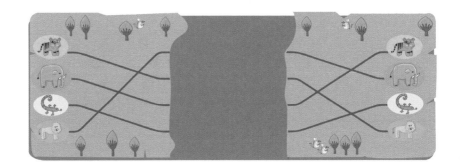

 문제 / 도전

다음 중 지도에서 사라진 부분으로 알맞은 것을 고르시오.

A

B

C

D

바비큐 파티

대한민국(South korea)

2024-KR-02_BBQ Party

 문제의 배경

비버들이 좋아하는 바비큐는 다음과 같다.

나는 당근(🔴)이 있으면 좋겠어.

나는 마늘(🧄)이 많으면 좋겠어.

나는 양파(🧅)를 못 먹어.

나는 고기(🟦)가 많으면 좋겠어.

문제 / 도전

모든 비버들이 가장 만족할 수 있는 바비큐 꼬치를 연결하시오.

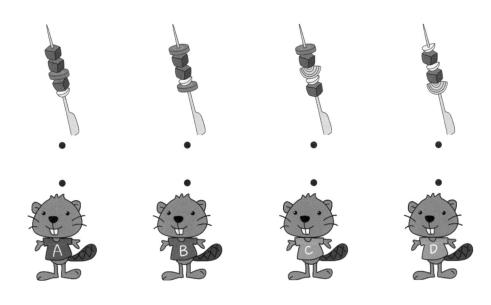

06 생일 선물

2024-NL-02_Birthday Present

네덜란드(Netherlands)

 문제의 배경

피오나는 생일 선물로 아래와 같은 공을 받고 싶어한다.

- 줄무늬가 없으면 좋겠어요.
- 별이 있으면 좋겠어요.
- 달이 없으면 좋겠어요.

 문제 / 도전

피오나의 생일에 선물할 공을 고르시오.

A   B   C   D   E   F

비버 스도쿠

사우디아라비아(Saudi Arabia)

2024-SA-02_Beaver grid

 문제의 배경

아래의 그림과 같이 크기나 꼬리의 모양이 다른 4종류의 비버가 있다.

이 비버를 다음의 규칙에 따라 빈칸에 놓으려고 한다.

• 각각의 가로줄에는 4종류의 비버가 하나씩 모두 있어야 한다.
• 각각의 세로줄에는 4종류의 비버가 하나씩 모두 있어야 한다.

 문제 / 도전

규칙에 맞게 빈칸 가, 나, 다, 라에 들어갈 알맞은 비버의 번호를 쓰시오.

가- (   ), 나- (   ), 다- (   ), 라- (   )

08 비버 로봇

베트남(Vietnam) ★

2024-VN-01_Beaver Robot

 ## 문제의 배경

비버 로봇은 낱말 3개로 문장을 말할 수 있다.

- 첫 번째 낱말은 상자 1에서 선택한다.
- 두 번째 낱말은 상자 2에서 선택한다.
- 세 번째 낱말은 상자 3에서 선택한다.

문제 / 도전

다음 문장 중 비버 로봇이 말할 수 없는 문장을 고르시오.

A) 너는 비버를 도와줘

B) 비버는 돕기를 좋아해

C) 나는 사랑을 사랑해

D) 너는 내가 필요해

Bebras

비버챌린지
2024
그룹 II

 초등학교 3~4학년용

01 마법의 정원

코소보(Kosovo)

2024-XK-01_Magic Garden

 문제의 배경

마법의 정원에서는 매일 밤, 마법 규칙에 따라 꽃이 바뀐다.

마법 규칙은 다음과 같다.

같은 꽃들이 나란히 옆에 있는 경우에만 그 꽃들은 모두 함께 다음 꽃으로 바뀐다.

꽃이 바뀌는 순서는 오른쪽과 같다.

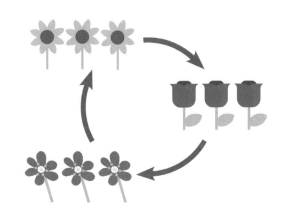

첫째 날 아침, 마법의 정원에 꽃 5송이가 나란히 있었다.

둘째 날 아침, 마법의 정원 모습이다.

 문제 / 도전

다섯째 날 아침, 마법의 정원 꽃 5송이가 모두 같아졌다. 어떤 꽃이 되었는지 고르시오.

A) B) C) D)

02 등대 지도

2024-CZ-05_Map of lighthouses

체코공화국(Czech Republic)

 문제의 배경

선장 벤은 배를 타고 있다. 지도에서 등대를 중심으로 그려진 원은 등대의 불빛을 볼 수 있는 범위를 나타낸다.

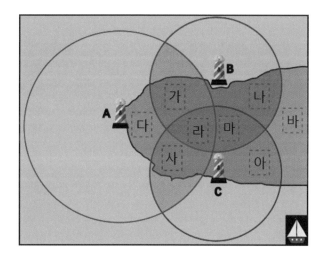

 문제 / 도전

선장 벤은 등대 A의 불빛은 볼 수 없지만, 등대 B와 C의 불빛은 볼 수 있다. 지도에 표시된 8곳 가~아 중에서 선장 벤이 타고 있는 배의 위치를 찾아 그 기호를 쓰시오.

03 마법의 꽃

2024-DE-03_Miracle Flower

독일(Germany)

문제의 배경

매일 조금씩 자라는 마법의 꽃이 있다. 줄기는 꽃봉오리에서 나와 해가 떠 있는 동안 자라고, 해가 지면 줄기 끝에 새로운 두 개의 꽃봉오리가 생긴다. 이 과정은 매일 계속되며 마법의 꽃은 점점 더 풍성해진다.

1일, 해뜨기 전	1일, 해 지고 난 후	2일, 해 지고 난 후

문제 / 도전

어느 날, 해가 지고 난 후의 마법의 꽃이다. 아래 마법의 꽃은 며칠 동안 자란 것일까?

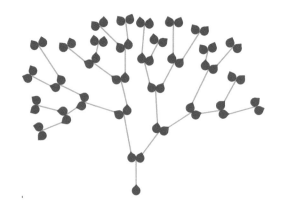

A) 5일   B) 11일   C) 16일   D) 32일

04 베루코네 퍼즐

독일(Germany)

2024-DE-09_Berukone

 문제의 배경

베루코네 퍼즐은 같은 숫자가 적힌 원을 검은 선(━)으로 연결하면 해결되는 퍼즐이다.
퍼즐을 해결하는 규칙은 다음과 같다.

- [규칙 1] 숫자가 적힌 원은 1개의 검은 선만 연결할 수 있다.
- [규칙 2] 숫자가 없는 원은 최대 2개까지 검은 선을 연결할 수 있다.

때로는 규칙에 따라 해결되지 않는 베루코네 퍼즐도 존재한다.

해결되는 베루코네 퍼즐	해결되지 않는 베루코네 퍼즐
(그림)	(그림)
규칙에 따라 같은 숫자가 적힌 원끼리 연결할 수 있다.	숫자 1이 적힌 원을 연결하면, 숫자 2가 적힌 원은 [규칙 1]에 따라 연결할 수 없다.

 문제 / 도전

다음 중 해결되지 않는 베루코네 퍼즐 하나를 찾으시오.

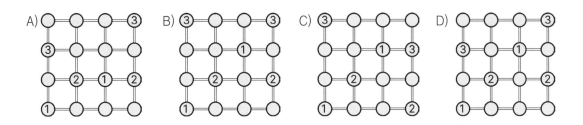

올리버의 장난감

2024-SK-01b_Oliver's Rattle

슬로바키아(Slovakia)

 문제의 배경

올리버는 알록달록한 공이 들어 있는 투명 장난감을 가지고 있다. 올리버가 장난감을 한 번 흔들었더니, 아래의 그림과 같이 가장 왼쪽에 있던 공 2개 ◀와 ★가 화살표를 따라 시계 방향으로 이동하였다.

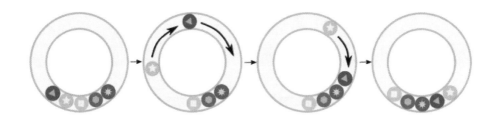

문제 / 도전

올리버가 장난감을 한 번 더 흔들었다. 장난감에 표시된 가 ~ 다 중에서 각각의 공이 들어갈 위치를 찾아 쓰시오.

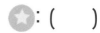

⬡: (   )

★: (   )

◀: (   )

06 튜브

2024-KR-03a_Tube

 문제의 배경

양쪽에 구멍이 뚫린 튜브가 있다. 튜브에는 공을 3개까지 넣을 수 있다.

아래 그림은 3개의 공이 들어 있는 튜브에 새로운 공을 넣을 때 튜브의 모습이다.

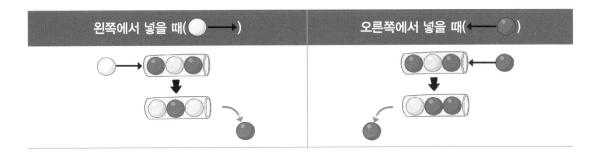

 문제 / 도전

아래 그림과 같이 3개의 공이 들어 있는 튜브가 있다.

다음 순서대로 4개의 공을 튜브에 넣은 후 튜브의 모습을 고르시오.

첫 번째로 넣을 공	두 번째로 넣을 공	세 번째로 넣을 공	네 번째로 넣을 공
←●	←○	●→	○→

A) ●●●

B) ●●○

C) ○●●

D) ○●○

E) ●○●

07 아이스크림 가게

2024-IS-01a_Ice cream shop

아이슬란드(Iceland)

 문제의 배경

로봇 아이스크림 가게가 새로 문을 열었다. 아이스크림을 주문하기 위해서는 원하는 방향의 화살표에 해당하는 숫자 버튼을 눌러 로봇을 원하는 맛으로 이동시킨 후, ⚫ 즉 숫자 5 버튼을 눌러 한 숟가락을 뜰 수 있다. 세 숟가락을 다 뜨면 로봇이 아이스크림을 가져다 준다.

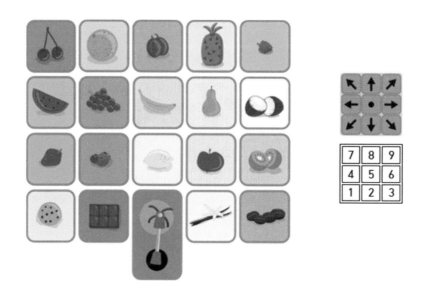

새로운 아이스크림 주문을 시작할 때, 로봇 위치는 맨 아래 줄의 가운데이다. 예를 들어, 숫자 버튼 4, 5, 8, 8, 9, 5, 3, 3, 2, 5를 순서대로 누르면, 로봇 위치는 ← ⚫ ↑ ↑ ↗ ⚫ ↘ ↙ ↓ ⚫ 버튼을 누른 것처럼 초콜릿(▦), 자두(🍑), 커피(🫘) 맛의 아이스크림을 주문할 수 있고, 이때 버튼을 누른 횟수는 10번이다.

문제 / 도전

도현이는 체리( ), 바닐라( ), 딸기( ) 3가지 맛이 각각 한 숟가락씩 담긴 새로운 아이스크림을 주문하려고 한다. 이때 어느 맛이 먼저 혹은 나중에 들어가는지 순서는 중요하지 않지만, 새로운 아이스크림을 주문하기 위해 도현이가 가장 적게 버튼을 누른 횟수는 9번이다. 도현이가 누른 순서대로 버튼 9개에 알맞은 숫자를 각각 채우시오.

08 퍼즐 조각

2024-KR-05_Puzzle pieces

문제의 배경

비버는 퍼즐을 4종류 가지고 있다. 퍼즐마다 조각의 모양과 크기가 모두 같지만, 몇 개의 조각은 색이 다르다.

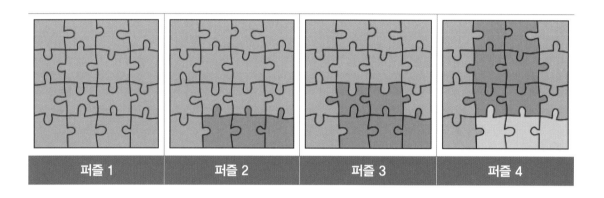

비버는 여행할 때 퍼즐 4종류를 모두 가져가고 싶지만, 가방 공간이 충분하지 않다. 그래서 퍼즐 1의 16개 조각을 가방에 담고, 다른 퍼즐(퍼즐 2, 퍼즐 3, 퍼즐 4)도 완성할 수 있도록 다른 색의 조각을 추가로 가져가려고 한다.

문제 / 도전

퍼즐 1의 16개 조각 외에, 비버가 더 가져가야 하는 퍼즐 조각은 모두 몇 개인지 고르시오.

A) 4개   B) 6개   C) 9개   D) 12개

09 고장난 키보드

아르헨티나(Argentina)

2024-AR-03_Bird Studies

문제의 배경

루이사가 새들의 이름을 입력하고 있는데, 키보드가 고장 났다는 사실을 알게 되었다.

키보드에서 키를 누르면 누른 키의 오른쪽 문자가 화면에 표시된다. 만약 키보드의 가장 오른쪽 끝에 있는 키를 누르면 그 줄의 가장 왼쪽 문자가 화면에 표시된다.

- D 를 누르면 화면에 F가 표시됨
- O 를 누르면 화면에 @가 표시됨

문제 / 도전

화면에 OVENBIRD가 표시되게 하려면 고장 난 키보드의 어떤 키를 눌러야 하는지 고르시오.

A) M C W H K P T F

B) @ B R U K P T F

C) M C W H V G E S

D) # B R U K P T F

해적과 보물

체코공화국(Czech Republic)

2024-CZ-02_The pirate and the treasure

 문제의 배경

해적 비버는 보물 지도를 찾았다. 지도에는 한 칸이 1km인 안내선이 그려져 있다. 해적 비버는 한 번 이동할 때, 안내선을 따라 1km씩 이동한다.

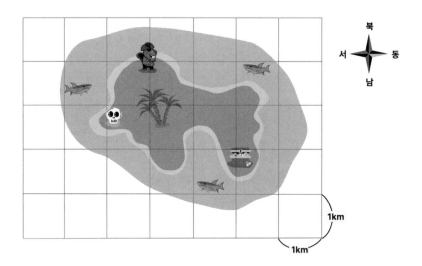

 문제 / 도전

다음 중 상어로 가득한 바다에 빠지지 않고 네 번 이동하여 보물에 도착할 수 있는 이동 방법을 고르시오. ('남'은 남쪽으로 한 번 이동함을 의미한다.)

A) 남, 남, 동, 동

B) 동, 동, 남, 남

C) 동, 남, 남, 동

D) 남, 동, 동, 남

Bebras

비버챌린지 2024
그룹 III

초등학교 5~6학년용

01 몬스터 카드

스위스(Switzerland) 🇨🇭

2024-CH-03a_Ricca Cards

 문제의 배경

바바라는 몬스터가 그려진 카드를 수집한다. 다음은 그녀가 수집한 카드 중 일부이다.

카드 속 몬스터는 이름(👤)이나 이빨(〰〰)과 같은 속성을 가지고 있다. 예를 들어, 2번 카드의 "MONI"는 몬스터 이름 속성에 대한 속성값이다. "✓"는 이빨 속성에 대한 속성값으로 몬스터가 이빨을 가지고 있음을 뜻한다. 또, 다리(🦶) 속성에 대한 속성값의 "2"는 다리가 2개라는 의미이다.

바바라는 많은 카드를 효율적으로 정리하기 위해 몬스터의 각 속성별로 가장 적합한 속성값의 유형을 아래에서 선택하려고 한다.

유형	의미
no/yes	"X" 또는 "✓"으로 된 값
ABC ...	텍스트로 된 값
123...	숫자로 된 값

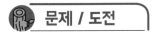

문제 / 도전

몬스터의 속성별로 빈칸에 알맞은 유형(가~다)을 찾아 쓰시오.

가) no/yes   나) ABC ...   다) 123...

02 색 인식 로봇

체코공화국(Czech Republic)

2024-CZ-06_Color reading robot

문제의 배경

색 인식 로봇(⬆)은 자신이 놓여진 바닥의 색상을 인식한다. 로봇은 처음 놓여진 시작 위치에서 목표 위치(🦫)로 이동해야 한다. 다만, 시작 위치에 있는 색상 기호는 로봇에 가려져서 사용자가 확인할 수 없다.

로봇은 다음 색상 기호에 따라 움직인다. 로봇 위에 그려진 하얀색 화살표는 로봇이 이동하는 방향이다.

- 파란색 사각형 ■ = 앞으로 한 칸 이동
- 빨간색 원 ● = 오른쪽으로 90도 회전 후 앞으로 한 칸 이동
- 녹색 삼각형 ▲ = 왼쪽으로 90도 회전 후 앞으로 한 칸 이동

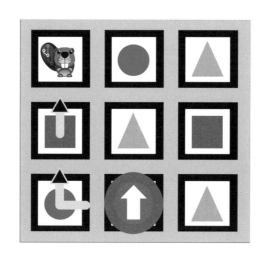

위 그림은 로봇이 동작하는 예이다. 로봇으로 가려진 시작 위치에 ● 또는 ■ 색상 기호가 있다면 로봇은 목표 위치로 이동할 수 없다. 따라서 시작 위치의 색상 기호는 ▲ 이다. 로봇은 ▲ ● ■의 색상 기호를 순서대로 인식하고 목표 위치까지 이동한다.

문제 / 도전

아래 그림처럼 로봇의 시작 위치가 정해졌을 때 목표 위치까지 올바르게 이동할 수 있는 색상 기호 순서를 고르시오.

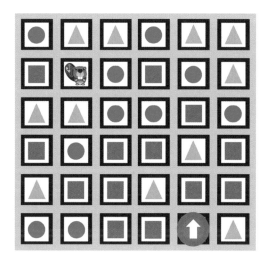

A)

B)

C)

D)

티피나그 문자

2024-CH-09_Tifinagh

스위스(Switzerland)

 문제의 배경

팀은 북아프리카 투아레그 베르베르족이 사용하는 티피나그 문자를 활용하여 암호를 만들려고 한다. 각 알파벳은 한 개의 티피나그 문자와 연결된다.

문제 / 도전

각 티피나그 암호에 해당하는 영어 단어를 찾아 선을 연결하시오.

장난감 컨베이어

에스토니아(Estonia)

2024-EE-03_Conveyor with toys

 문제의 배경

다양한 장난감을 실은 컨베이어가 검은색 화살표 방향으로 끊임없이 움직인다. 비버 마틴은 장난감을 상자에 분류하는 놀이를 생각해 냈다. 놀이의 규칙은 장난감 하나를 집어 상자에 넣고, 그다음 하나는 그냥 보내는 것이다.

문제 / 도전

마틴이 첫 번째로 녹색 자동차()를 집어 분류했을 때, 가장 마지막 순서에 분류하게 되는 장난감은 무엇인지 고르시오.

A)   B)   C)   D)

05 울타리 칠하기

2024-FI-04_Beaver's pattern

 문제의 배경

비버 박스터가 가장 좋아하는 간식은 샌드
과자이다. 샌드 과자는 비스킷과 크림, 그리고
또 다른 비스킷으로 구성되어 있다. 박스터는
비스킷과 크림을 이용하여 오른쪽 그림과 같이
자신만의 샌드 과자를 만들었다.

박스터가 만든 샌드 과자

 문제 / 도전

박스터는 자신이 만든 샌드 과자와 같은 패턴으로 울타리를 칠하고 싶어한다. 빨간색과 노란색
페인트를 사용하려고 하고 이미 빨간색 페인트로 첫 번째 판자를 칠했다. 나머지 울타리 판자를
올바르게 칠한 결과를 고르시오.

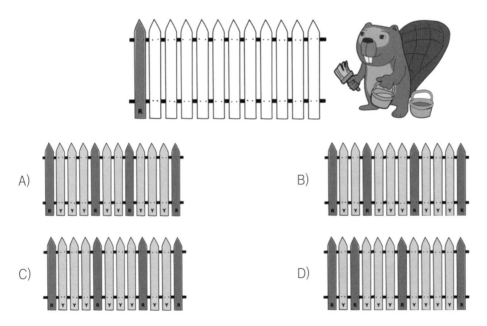

06 달걀 배달

아일랜드(Ireland)

2024-IE-02_Egg delivery

 문제의 배경

토끼는 마을에 있는 네 집 모두에 달걀을 최대한 빨리 배달해야 한다. 하지만 어떤 길에는 장애물
(🍀)이 길을 막고 있어 토끼가 지나갈 수 없다. 토끼는 다음과 같은 규칙에 따라 움직인다.

 – 토끼는 가운데 원형 길을 중심으로 시계 방향으로 이동한다.
 – 토끼가 당근을 만나면 바로 당근을 먹는다.
 – 토끼가 당근을 먹으면 바로 다음 만나는 장애물을 제거한다.

시작(Start) 위치에서 출발한 토끼는 길에 있는 당근을 먹고 1번 집에 달걀을 배달한 다음, 다른
집에 달걀 배달을 이어나간다.

🖐 **문제 / 도전**

가장 마지막에 달걀을 배달받는 집은 어디인가?

A) ①   B) ②   C) ③   D) ④

벽돌 공장

2024-JP-05_Shape factory

문제의 배경

두 개의 벽돌로 새로운 벽돌을 만드는 기계 A와 기계 B가 있다.

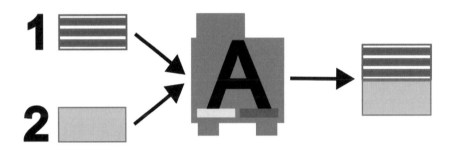

기계 A는 벽돌 2 위에 벽돌 1을 올려 새로운 벽돌을 만든다.

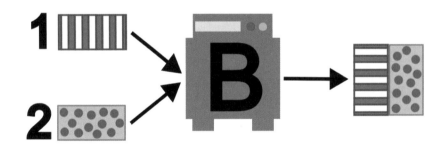

기계 B는 두 벽돌을 시계 반대 방향으로 90° (도) 돌린 다음 벽돌 1의 오른쪽에 벽돌 2를 놓아 새로운 벽돌을 만든다.

문제 / 도전

그림과 같이 기계가 연결되어 있을 때, 마지막에 만들어지는 벽돌을 고르시오.

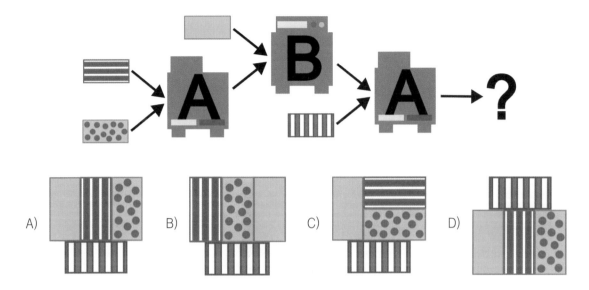

A)

B)

C)

D)

[초등학교 5~6학년용]

08 수상 도시 축제

몬테네그로(Montenegro)

2024-ME-04_Floating Boats

 문제의 배경

도시 축제 기간에 강을 운행하는 모든 배는 빨간색 삼각형, 녹색 직사각형, 파란색 정사각형 깃발 중 하나를 달아야 한다. 아래 그림처럼 일부의 배는 이미 깃발을 달았다.

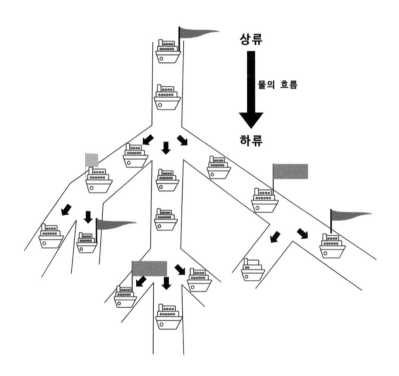

아직 깃발을 달지 않은 배는 상류의 가장 가까운 배와 같은 깃발을 단다. 이 규칙은 모든 배가 깃발을 달 때까지 적용된다. 강줄기가 갈라질 때 각 배의 상류와 하류의 관계는 아래의 그림과 같다.

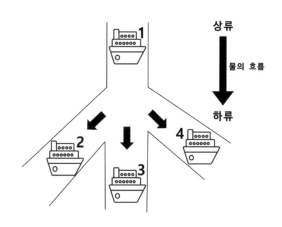

- 1번 배는 2번, 3번, 4번 배보다 상류에 있다.
- 2번, 3번, 4번 배는 서로 상류와 하류의 관계에 해당하지 않는다.

🎓 문제 / 도전

모든 배가 깃발을 달았을 때 빨간색 삼각형 깃발을 단 배의 개수를 구하시오.

A) 8   B) 9   C) 10   D) 11

[초등학교 5~6학년용]

09 축구 대회

파라과이(Paraguay)

2024-PY-02c_Soccer tournament

 문제의 배경

비버 학교의 축구 대회에 5개의 팀(대구, 전주, 수원, 인천, 울산)이 참가한다.

각 팀은 아래 표의 해당 행에서 자기 팀의 경기 결과를 확인할 수 있다.

아래의 표에서 승리는 '승', 패배는 '패', 무승부는 '무'로 표시했다.

그런데 기록된 경기 결과를 점검하던 중 잘못된 것을 발견하였다.

팀명	대구	전주	수원	인천	울산
대구		승	승	무	무
전주	패		무	패	패
수원	패	무		패	무
인천	무	승	승		승
울산	무	승	무	승	

 문제 / 도전

경기 결과표에서 발견된 잘못된 부분은 어느 팀과 어느 팀 간의 경기인가?

A) 대구와 전주 경기

B) 전주와 인천 경기

C) 울산과 인천 경기

D) 대구와 수원 경기

E) 수원과 울산 경기

말 놓기 게임

2024-UY-06_Symbol game

 문제의 배경

애나는 3개의 가로줄과 3개의 세로줄로 된 게임판에 4개의 말(🔵, ⬛, ⭐, 🔺)을 놓는 게임을
하고 있다. 말을 놓을 때는 아래의 규칙을 지켜야 한다.

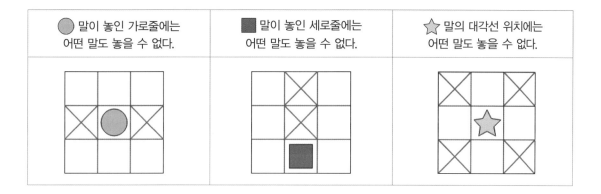

게임판에 아래와 같이 🔵, ⬛, ⭐ 말이 놓여 있고 이제 애나가 🔺 말을 놓을 순서이다.

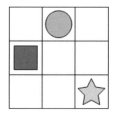

애나는 게임 규칙에 따라 🔺 말을 놓을 수 있는 곳을 찾아 말을 놓았다.

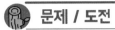 문제 / 도전

애나가 규칙에 맞게 ▲ 말을 놓은 게임판을 고르시오.

A) 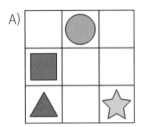　　B) 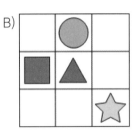　　C) 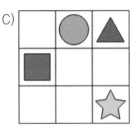　　D)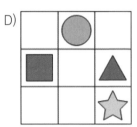

비버챌린지 2024

정답 및 해설

그룹 I : 01 마법의 문

😊 정답 D)

💬 해설

문을 통과할 때 변하는 규칙을 고려하면, 각 비버의 바뀐 모양을 찾을 수 있다. 결과는 다음과 같다.

🔍 핵심 주제 및 참고 웹사이트

▶ 큐(Queue): https://en.wikipedia.org/wiki/Queue

🔍 문제 속의 정보과학

큐 구조(Queue structure)는 먼저 들어간 데이터가 먼저 나오는 데이터 구조이다. 일상생활에서도 큐 구조를 살펴볼 수 있다. 예를 들어, 버스를 타기 위해 줄을 서고, 순서대로 타는 것도 큐 구조로 볼 수 있다.

그룹 Ⅰ : 02 사진 붙이기

 정답 C) 유나

 해설

사진에서 보이는 학생에 따라 각 학생이 누구 옆에 앉아 있는지 알 수 있다.

아래의 사진에서, 지호는 이준 옆에 앉아 있다는 것을 알 수 있다.

아래의 사진에서는, 이준은 지호와 지아 사이에 앉아 있다는 것을 알 수 있다.

나머지 사진도 같은 방법을 사용하면, 9명의 학생이 다음과 같은 순서로 앉아 있는 것을 확인할 수 있다.

따라서 가운데(왼쪽에서 5번째 위치 또는 오른쪽에서 5번째 위치)에 앉아 있는 사람은 유나이다.

핵심 주제 및 참고 웹사이트

▶ 이중 연결 리스트(Doubly linked list): https://en.wikipedia.org/wiki/Doubly_linked_list

문제 속의 정보과학

이 문제는 학생들의 사진이 무작위 위치에 놓여 있는 예시이다. 우리는 올바른 순서를 찾아 가운데 앉아 있는 학생이 누구인지 알아내야 한다.

학생의 배열은 '이중 연결 리스트(doubly linked list)' 데이터 구조로 표현할 수 있다. 이중 연결 리스트에서 리스트의 각 노드에는 요소, 이전 노드에 대한 참조, 다음 노드에 대한 참조가 포함된다. 이 문제에서 각 화면(노드)은 중앙에 있는 학생(리스트의 요소)과 오른쪽 학생 및 왼쪽 학생에 대한 참조를 보여준다.

그룹 Ⅰ : 03 팔찌 정리

 정답 C)

💬 해설

아래 그림은 보기 A, B, D 팔찌의 색깔과 색깔 순서가 같은 팔찌 상자의 칸을 보여준다. 각각의 팔찌는 같은 색깔과 색깔 순서의 팔찌 상자 칸에 넣을 수 있다.

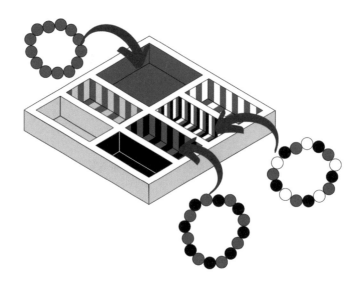

빅토리아의 팔찌 상자에는 검은색–흰색으로 이루어진 색깔과 색깔 순서로 칠해진 칸이 없으므로 보기 C의 팔찌를 넣을 수 있는 칸은 없다.

핵심 주제 및 참고 웹사이트

▶ 패턴 인식(Pattern recognition): https://en.wikipedia.org/wiki/Pattern_recognition

문제 속의 정보과학

우리가 질문이나 문제를 풀 때, 종종 많은 데이터를 다루게 된다. 이때 데이터의 공통된 형태나 차이점을 중심으로 패턴을 파악하면 중요한 데이터를 쉽게 다룰 수 있어 해결책을 찾는데 도움이 된다.

이 문제에서는 팔찌의 색깔을 중심으로 표현된 패턴을 확인할 수 있다. 특히 팔찌 전체를 볼 필요 없이 일부만 확인하여 패턴을 확인하고 문제를 해결할 수 있다.

그룹 I : 04 지도 만들기

정답 D)

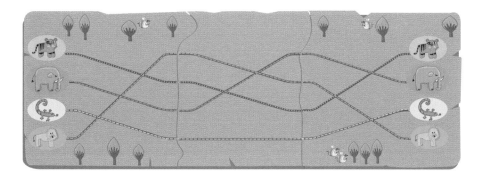

해설

다른 보기가 틀린 이유는 다음과 같다.

A는 호랑이 – 도마뱀, 코끼리 – 사자, 도마뱀–코끼리, 사자–호랑이로 모두 잘못 연결된다.

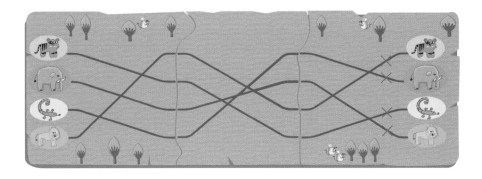

B는 도마뱀–사자, 사자–도마뱀이 잘못 연결된다.

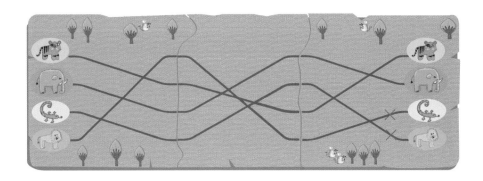

C는 호랑이–코끼리, 코끼리–호랑이가 잘못 연결된다.

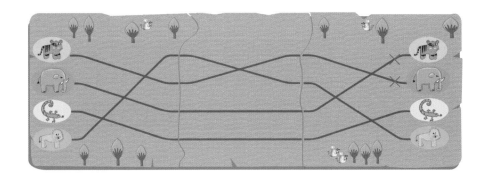

🔍 핵심 주제 및 참고 웹사이트

▶ 이분 그래프(Bipartite graph): https://en.wikipedia.org/wiki/Bipartite_graph

🔍 문제 속의 정보과학

컴퓨터는 인간이 다양한 문제를 해결하는 데 큰 도움을 준다. 컴퓨터가 문제를 해결하기 위해서는 먼저 컴퓨터가 이해할 수 있는 형태로 문제를 바꿔주어야 한다. 그 형태 중 하나인 그래프는 대상 간의 관계를 표현하는 방법이다. 그래프는 크게 노드와 링크로 구성된다.

- 노드(또는 정점): 연결하고자 하는 대상으로, 이 문제에서 노드는 각 동물의 시작 위치와 끝나는 위치를 의미한다.
- 링크(또는 간선): 노드와 노드를 연결하는 선으로, 이 문제에서는 동물의 시작 위치와 끝 위치를 연결하는 선이다.

이분 그래프는 그래프의 한 유형으로 두 그룹으로 나누어진 노드가 같은 그룹 안에서는 링크로 직접 연결되지 않는 방식이다. 즉, 각 링크는 한 그룹의 노드와 다른 그룹의 노드만 연결한다. 이 문제에서 언급된 두 그룹은 동물의 시작 위치를 나타내는 노드 그룹과 동물의 끝 위치를 나타내는 노드 그룹이다.

이분 그래프는 다양한 상황에 적용할 수 있다. 예를 들어, 학교에 10명의 학생이 있고 각 학생이 하나 이상의 스포츠 활동을 좋아하는 경우, 학생과 선호하는 스포츠 활동 간의 관계를 나타낼 수 있다. 이분 그래프를 사용하면 개인별 선호도 또는 학생별 선호도와 같이 서로 다른 두 그룹 간의 관계를 쉽게 시각화하여 서로 어떻게 연결되어 있는지 이해할 수 있다.

그룹 Ⅰ : 05 바비큐 파티

 정답

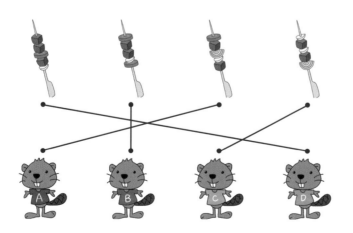

A: 나는 당근(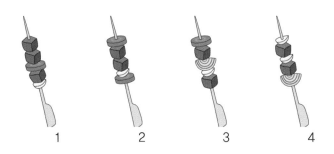)이 있으면 좋겠어.

B: 나는 양파(   )를 못 먹어.

C: 나는 마늘(   )이 많으면 좋겠어.

D: 나는 고기(   )가 많으면 좋겠어.

4번째 꼬치에 마늘(   )이 가장 많으므로 C가 4번째 꼬치를 받는다.

1번째 꼬치에 고기(   )가 가장 많으므로 D가 1번째 꼬치를 받는다.

남은 두 꼬치 중 3번째 꼬치에만 양파(   )가 있다. B는 양파(   )를 못 먹기 때문에 3번 꼬치는 A가 받게 되고, 남은 2번 꼬치는 B가 받는다.

🐦 핵심 주제 및 참고 웹사이트

▶ 제약 조건 충족 문제(Constraint Satisfaction Problem, CSP):

　https://en.wikipedia.org/wiki/Constraint_satisfaction_problem

🐦 문제 속의 정보과학

제약 조건 충족 문제(Constraint Satisfaction Problem, CSP)는 특정 규칙(제약 조건)을 충족하는 해결책을 찾는 문제 유형이다. 이러한 문제는 모든 주어진 제약 조건을 만족하는 방식으로 항목을 배열하거나 선택하는 방법을 알아내야 한다.

이 문제에서는 비버들이 설정한 모든 제약 조건을 충족하도록 꼬치를 나누어 주어야 한다. 제약 조건 충족 문제는 인공지능, 일정 계획, 자원 할당, 레이아웃 디자인, 컴퓨터 비전 등 다양한 분야에서 활용될 수 있다.

그룹 I : 06 생일 선물

 A)

해설

피오나가 받고 싶어 하는 공의 규칙을 사용해서 정답을 찾을 수 있다.

피오나는 줄무늬가 없는 공을 원하기 때문에, 줄무늬가 있는 공은 제외한다.

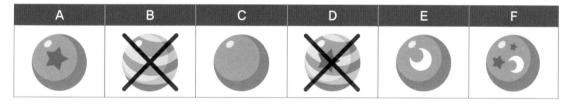

피오나는 별이 있는 공을 원하므로, 별이 없는 공은 제외한다.

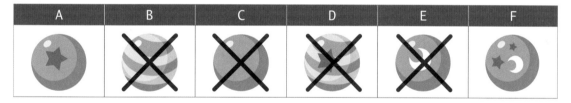

마지막으로 피오나는 달이 없는 공을 좋아하기 때문에 달이 있는 마지막 공도 제외한다.

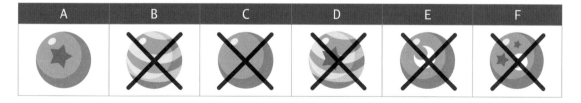

피오나가 좋아하는 공의 조건을 모두 만족하는 유일한 공은 줄무늬가 없고 별이 있으며, 달이 없는 첫 번째 A 공이다.

핵심 주제 및 참고 웹사이트

▶ 알고리즘(Algorithm): https://en.wikipedia.org/wiki/Algorithm

🔍 문제 속의 정보과학

이 문제는 올바른 공을 찾기 위해 아주 간단한 알고리즘을 사용한다. 알고리즘은 문제를 해결하기 위해 컴퓨터가 따라야 하는 일련의 규칙을 의미한다.

이러한 알고리즘은 아래와 같이 흐름도로 나타낼 수 있다. 각 조건에 따라 조건을 만족하는 공과 만족하지 않는 공으로 나누고 이 과정을 반복하면 정답을 찾을 수 있다.

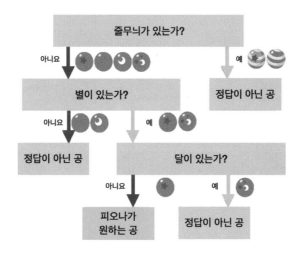

그룹 I : 07 비버 스도쿠

😊정답 가 (③), 나 (②), 다 (①), 라 (④)이다.

 해설

가로줄이나 세로줄에 이미 3종류의 비버가 놓여 있다면, 남은 한 칸에는 자동으로 마지막 비버 종류를 놓을 수 있습니다. 따라서 한 칸만 남은 곳의 비버를 먼저 찾을(놓을) 수 있습니다.

먼저, 가로 세로에서 한 칸만 남아 있는 곳은 각각 나, 다, 라 이다.

- '나' 위치의 경우, 세로줄을 기준으로 4종류의 비버가 모두 들어가 있기 위해서는 ❷ 비버가 놓여야 한다.
- '다' 위치도 세로줄을 기준으로 확인했을 때, ❶ 비버가 놓여야 한다.
- '라' 위치의 경우 가로줄을 기준으로 4종류의 비버가 모두 위치에 들어가 있기 위해서는 ❹ 비버가 놓여야 한다.
- '가' 위치의 경우 '나', '다'를 포함한 가로줄 기준으로 확인했을 때 ❸ 비버가 놓여야 한다.

 핵심 주제 및 참고 웹사이트

▶ 제약 조건 충족 문제(Constraint Satisfaction Problem, CSP):

https://en.wikipedia.org/wiki/Complexity_of_constraint_satisfaction

문제 속의 정보과학

이 문제는 스도쿠 퍼즐과 같은 대표적인 제약 조건 충족 문제(Constraint Satisfaction Problem, CSP)이다. 제약 조건 충족 문제는 모든 지정된 제약 조건을 만족하는 변수의 값을 찾는 것으로, 주로 일정 관리, 최적화, 퍼즐 해결 등에 사용된다. 이 문제의 퍼즐은 크기가 매우 작아서 빨리 풀 수 있지만 더 복잡한 제약 조건 충족 문제는 최적화 기술을 사용해야 빠르게 해결할 수 있다.

그룹 I : 08 비버 로봇

💬 해설

모든 보기의 첫 번째 낱말인 "너는", "나는", "비버는"은 1번 상자에 포함되어 있으므로 모두 가능하다.

두 번째 낱말 중 "비버를", "돕기를", "사랑을" 낱말만 2번 상자에 포함되어 있기 때문에 A) B) C)의 보기만 가능하다. 보기 D)의 두 번째 낱말인 "내가"는 2번 상자에 없기 때문에 불가능하다.

마지막으로, 세 번째 낱말인 "도와줘", "좋아해", "사랑해", "필요해"도 모두 3번 상자에 포함되어 있기 때문에 가능하다.

따라서 비버 로봇은 보기 A), B), C)의 문장만 말할 수 있다.

🔍 핵심 주제 및 참고 웹사이트

▶ 인공지능(Artificial Intelligence): https://en.wikipedia.org/wiki/Artificial_intelligence

▶ 대규모 언어 모델(Large Language Models): https://en.wikipedia.org/wiki/Large_language_model

🔍 문제 속의 정보과학

인간형 로봇은 인간과 비슷한 능력을 지닌 로봇이다. 예를 들어, 문장 생성 시스템을 사용하여 의사소통할 수 있다. 이 문제에서 사용된 문장 생성 시스템은 매우 간단하다. 3단어로 문장을 만드는 것은 가장 기본적인 문장 생성 시스템으로 현재 인공지능에서 사용되는 대규모 언어 모델(LLM)과 유사한 접근 방식이다.

그룹II: **01** 마법의 정원

 B)

해설

규칙에 따라, 초기 배치(첫째 날)와 다섯째 날까지의 변화를 고려하며 문제를 해결할 수 있다.

첫째 날, 마법의 정원 모습: 해바라기 2송이가 나란히 있다.

해바라기 2송이가 나란히 있으므로 2송이 모두 규칙에 따라 다음 꽃 장미로 바뀐다.

둘째 날 아침, 마법의 정원 모습: 장미 3송이가 나란히 놓여 있다.

장미 3송이가 나란히 있으므로 3송이 모두 규칙에 따라 다음 꽃 바이올렛으로 바뀐다.

셋째 날 아침, 마법의 정원 모습: 바이올렛 4송이가 나란히 있다.

바이올렛 4송이가 나란히 있으므로 규칙에 따라 다음 꽃 해바라기로 바뀐다.

넷째 날 아침, 마법의 정원 모습: 해바라기 4송이가 나란히 있다.

해바라기 4송이가 나란히 놓여 있으므로 규칙에 따라 다음 꽃 장미로 바뀐다.

다섯째 날 아침, 마법의 정원 꽃들이 모두 장미로 변하는 것을 알 수 있다.

🐶 핵심 주제 및 참고 웹사이트

▶ 알고리즘(Algorithm): https://en.wikipedia.org/wiki/Algorithm

🐶 문제 속의 정보과학

이 문제는 순차, 선택, 반복 구조와 관련이 있다. 나란히 있는 꽃이 같은 꽃인 경우에는 다음 단계에서 모두 함께 다른 꽃으로 바뀐다. 이렇게 미리 정의된 알고리즘에 따라서 다른 꽃으로 변하는 것처럼, 컴퓨터 시스템 내에서도 저장된 데이터가 처리되고 바뀌게 된다. 문제에서는 주어진 알고리즘에 따라서 다섯째 날 아침부터 꽃들의 모양이 서로 같아진다.

그룹 II : 02 등대 지도

 정답   마

💬 해설

선장 벤은 등대 B와 등대 C의 불빛을 볼 수 있지만 등대 A의 불빛은 볼 수 없다. 그러므로 배는 원 B와 원 C 안에 있어야 하며, 원 A 안에 있으면 안 된다. 이 조건을 만족하는 위치는 다음 그림과 같이 '마' 한 곳뿐이다.

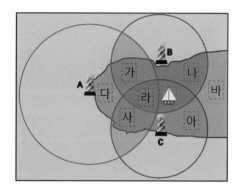

핵심 주제 및 참고 웹사이트

▶ 논리 연산자(Logical connective): https://en.wikipedia.org/wiki/Logical_connective

문제 속의 정보과학

컴퓨터 과학에서는 논리 연산자(AND, OR, NOT 등)를 활용하여 객체 간의 관계나 조건을 명확히 정의한다. 이러한 논리 연산자는 참(True)과 거짓(False) 값을 기반으로 연산을 수행하며, 복잡한 논리 구조나 조건을 단순화하고 분석하는 데 사용된다.

그룹 II : **03** 마법의 꽃

😊 **정답** A) 5일

💬 **해설**

매일 조금씩 자라는 마법의 꽃이 있다. 줄기는 꽃봉오리에서 나와 해가 떠 있는 동안 자라고, 해가 지면 줄기 끝에 새로운 두 개의 꽃봉오리가 생긴다. 이 과정은 매일 계속된다. 이 규칙은 각각의 꽃봉오리마다 독립적으로 적용되기 때문에, 처음 꽃봉오리에서부터 한 줄기만 따라가면 마법의 꽃이 자란 날짜를 계산할 수 있다.

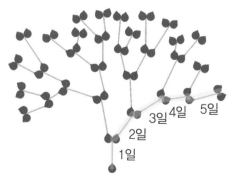

핵심 주제 및 참고 웹사이트

▶ 재귀(Recursion): https://en.wikipedia.org/wiki/Recursion_(computer_science)
▶ 프랙탈(Fractal): https://en.wikipedia.org/wiki/Fractal

문제 속의 정보과학

마법의 꽃이 자라는 규칙은 각각의 꽃봉오리마다 독립적으로 적용되고 규칙에 따라 이론적으로 무한히 자랄 수 있다. 이러한 독립적인 규칙을 컴퓨터 과학에서는 '재귀'라고 한다.

재귀 함수란, 자신을 반복적으로 호출하는 함수이다. 다시 말하면, 함수가 실행되면서 스스로를 다시 호출하고, 또 그 호출된 함수가 다시 자신을 호출하는 방식이다.

재귀 프로그램은 '피타고라스 트리'와 같이 프랙탈이라고 하는 매우 자연스러운 그래픽을 만드는 데도 사용할 수 있다. 재귀의 또 다른 예로 오른쪽과 같은 프랑스 비버의 이미지가 있다. 오른쪽과 같이 프랑스 비버의 이미지가 그려진 티셔츠를 입은 프랑스 비버의 이미지를 볼 수 있다.

그룹 II : **04** 베루코네 퍼즐

😊 **정답** D

💬 **해설**

퍼즐 D를 해결하기 위해 먼저, 숫자 3이 적힌 원들을 검은 선으로 연결해 본다.

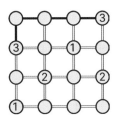

이미 연결된 원을 지나면 선이 추가되기 때문에 숫자 3이 적힌 원을 거치지 않도록 숫자 1이 적힌 원과 숫자 2가 적힌 원을 연결할 수 있는 방법을 확인한다.

숫자 1이 적힌 원을 연결하는 선은 다음 그림과 같이 숫자 2가 적힌 원 사이를 통과하는 경우만 가능하다.

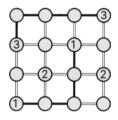

이 경우는 숫자 1이 적힌 원을 연결하는 유일한 방법으로, 이후에 숫자 2가 적힌 원을 연결하는 선은 숫자가 적히지 않은 원을 지나거나 숫자 1이 적힌 원을 지나는 방법 이외에는 없다. 따라서 퍼즐 D는 해결되지 않는다.

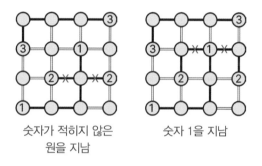

숫자가 적히지 않은   숫자 1을 지남
원을 지남

퍼즐 A, B, C를 해결하는 방법은 아래와 같다.

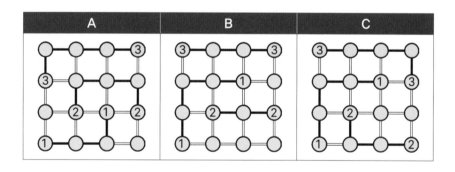

A	B	C

🔍 핵심 주제 및 참고 웹사이트

▶ 백트랙킹(Backtracking): https://en.wikipedia.org/wiki/Backtracking

🔍 문제 속의 정보과학

베루코네 퍼즐은 단계별로 과정을 설계하여 효과적으로 해결할 수 있다. 해결 과정에서 정답으로 이어질 수 없다는 결과가 예측된다면, 해결 과정 중 적어도 하나가 잘못되었다는 뜻이 된다. 잘못된 단계를 찾기 위해

미지막 단계부터 각 단계를 역으로 확인하며 더 나은 선택을 할 수 있는 단계를 찾아 취소할 수 있다. 즉, 다른 경로를 선택하기 위해 자신이 만든 단계를 순서대로 되돌아가는 것이다.

백트래킹은 컴퓨터 과학에서 자주 활용되는 방법이며 현재 단계의 경로가 해결책으로 이어지지 않는다고 예측할 수 있는 경우 단계별로 단계를 취소하여 해결책을 구성하려고 시도한다. 이러한 백트래킹은 종종 구체적인 해결 방법을 알 수 없는 어려운 문제를 처리하는 데 활용된다.

그룹 II : **05** 올리버의 장난감

☺ **정답**   ● : (다), ⭐ : (나), ◀ : (가)

💬 **해설**

올리버가 장난감을 흔들면 가장 왼쪽에 있던 공 2개가 화살표를 따라 시계 방향으로 이동한다. 하지만 공들의 순서는 바뀌지 않는다. 공들의 순서를 이용하여 문제를 해결할 수 있다.

장난감의 공은 항상 빨간색 공(◀) 다음에 노란색 공(⭐)이 위치한다. 노란색 공 다음에는 초록색 공이 위치하며(▢), 초록색 공 다음에는 파란색 공(●)이 위치한다. 또한 파란색 공 다음에 보라색 공(✳)이 위치하며 보라색 공 뒤에 다시 빨간색 공(◀)이 위치하게 된다.

보라색 공과 초록색 공 사이의 두 개의 비어 있는 공간은 위에 설명된 공들의 순서에 따라 노란색 공, 빨간색 공이 순서대로 위치하게 된다. 또한 초록색 공 다음의 비어 있는 공간에는 파란색 공이 위치해야 함을 알 수 있다.

🐾 **핵심 주제 및 참고 웹사이트**

▶ 원형 연결 리스트(Circularly linked list):

https://en.wikipedia.org/wiki/Linked_list#Circularly_linked_list

🐾 **문제 속의 정보과학**

컴퓨터 과학에서 원형 연결 리스트(Circularly linked list)는 데이터가 저장된 여러 개의 노드가 서로 연결된

형태로, 각 노드는 다음 노드로 이어지는 링크를 가지고 있다. 맨 마지막 노드가 다시 맨 처음 노드와 연결되어 전체 리스트가 끊기지 않고 하나의 원으로 이어지는 것이 원형 연결 리스트의 가장 큰 특징이다.

이러한 연결 리스트는 생활 속에서 다양하게 활용된다. 그중 하나로 음악 재생 목록을 예로 들 수 있다. 재생 목록에 있는 노래는 차례대로 재생되고 모든 곡이 재생이 끝나면 첫 번째 곡부터 다시 재생된다. 원형 연결 리스트를 활용하여 정보를 저장할 때 다음과 같은 강점을 얻을 수 있다. 첫 번째로 종료 지점이 없어 마지막 요소에서 처음으로 돌아간다. 따라서 마지막 요소를 확인하거나 사용할 요소가 부족한 문제가 생기지 않는다. 두 번째 장점은 탐색의 효율성이다. 마지막 요소에서의 특별한 규칙 없이도 다음 목록을 쉽게 이동할 수 있고 한 방향으로 계속 진행하며 탐색할 수 있다.

그룹 II : 06 튜브

 C)

😊 해설

문제를 해결하려면 공을 넣는 방향을 확인하고 단계를 따라야 한다.

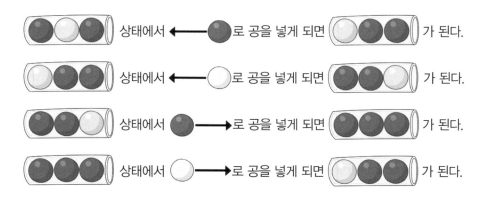

핵심 주제 및 참고 웹사이트

▶ 양방향 큐(Deque): https://en.wikipedia.org/wiki/Double-ended_queue

▶ 데이터 저장 용량(Data storage capacity):

https://en.wikipedia.org/wiki/Computer_data_storage#Capacity

이 문제에서 튜브는 데이터를 양쪽에서 밀어 넣거나 꺼낼 수 있는 데이터 구조인 양방향 큐(Deque, Double-ended queue)이다. 데이터 구조는 우선순위나 순서에 따라 데이터를 효율적으로 작성할 수 있게 해준다.

특히 이 문제에서는 데이터 삽입(튜브에 공 넣기)만 허용하는 양방향 큐를 나타내고 있다. 또한 용량이 제한되어 있기 때문에(3개의 공만 튜브에 넣을 수 있음) 모든 정보를 저장할 수 없는 데이터 구조의 예를 보여준다. 따라서 데이터의 양을 초과하면 정보가 손실되며 튜브에는 네 번째 공을 넣으려고 할 때 공이 "손실"된다. 이는 정보과학에서 데이터 저장의 중요한 측면인 용량 제약을 나타낸다.

그룹 II : **07** 아이스크림 가게

😊 **정답** **해설과 같이 모두 12가지 경우가 가능하다.**

💬 **해설**

로봇은 마지막 맛을 집은 후 자동으로 돌아오기 때문에 가장 가까운 맛을 먼저 뜬 다음 현재 위치를 기준으로 가까운 다음 맛으로 로봇을 이동시키는 것이 전략이다.

로봇은 새로운 주문을 시작할 때, 맨 아래 줄의 가운데이므로, 이 문제에서 첫 번째로 떠야 하는 맛은 바닐라(⚞⚟)이다.

1. 바닐라(⚞⚟), 체리(🍒), 딸기(🍓) 순서로 뜨는 경우
   1) 6, 5, 7, 7, 7, 5, 2, 2, 5 즉,
   2) 6, 5, 7, 7, 7, 5, 3, 1, 5 즉,

2. 바닐라(⚞⚟), 딸기(🍓), 체리(🍒) 순서로 뜨는 경우
   1) 6, 5, 7, 4, 4, 5, 8, 8, 5 즉,
   2) 6, 5, 7, 4, 4, 5, 9, 7, 5 즉,
   3) 6, 5, 4, 7, 4, 5, 8, 8, 5 즉,

4) 6, 5, 4, 7, 4, 5, 9, 7, 5 즉, → ● ← ↖ ← ● ↗ ↖ ●

5) 6, 5, 4, 4, 7, 5, 8, 8, 5 즉, → ● ← ← ↖ ● ↑ ↑ ●

6) 6, 5, 4, 4, 7, 5, 9, 7, 5 즉, → ● ← ← ↖ ● ↗ ↖ ●

7) 6, 5, 7, 1, 7, 5, 8, 8, 5 즉, → ● ↖ ↗ ↖ ● ↑ ↑ ●

8) 6, 5, 7, 1, 7, 5, 9, 7, 5 즉, → ● ↖ ↗ ↖ ● ↗ ↖ ●

9) 6, 5, 7, 7, 1, 5, 8, 8, 5 즉, → ● ↖ ↖ ↗ ● ↑ ↑ ●

10) 6, 5, 7, 7, 1, 5, 9, 7, 5 즉, → ● ↖ ↖ ↗ ↙ ● ↗ ↖ ●

🔍 핵심 주제 및 참고 웹사이트

▶ 프로그래밍(Programming): https://en.wikipedia.org/wiki/Computer_programming

▶ 프로그램 최적화(Program optimization): https://en.wikipedia.org/wiki/Program_optimization

🔍 문제 속의 정보과학

화살표 버튼을 사용하여 로봇을 움직이는 것은 컴퓨터에게 명령을 내리는 것과 같다. 컴퓨터가 따라야 할 명령을 작성하는 것을 "프로그래밍"이라고 하며 정보학에서는 가장 빠른 방법, 가장 저렴한 방법, 디스크 공간을 가장 적게 사용하는 방법을 찾는 것을 "최적화"라고 한다. 최적화를 위한 가장 좋은 방법이 무엇인지 알아내는 것은 매우 복잡하며 컴퓨터 과학의 중요한 요소 중 하나이다.

그룹 II : 08 퍼즐 조각

😊 정답 D) 12개

💬 해설

퍼즐 1의 16개 조각을 가방에 담고, 다른 퍼즐도 완성할 수 있도록 다른 색의 조각을 최소한으로 가져가는 방법은 다음과 같다.

먼저, 16개 조각을 모두 가져가는 퍼즐 1을 기준으로 퍼즐 2를 만들기 위해 추가로 필요한 조각은 3개이다. 따라서 조각 3개를 챙기면 퍼즐 2를 만들 수 있다.

퍼즐 2를 기준으로 퍼즐 3을 만들기 위해 추가로 필요한 조각은 2개이다. 따라서 조각 2개를 챙기면 퍼즐

3을 만들 수 있다.

퍼즐 3을 기준으로 퍼즐 4를 만들기 위해 추가로 필요한 조각은 7개이다. 따라서 조각 7개를 챙기면 퍼즐 4를 만들 수 있다.

아래의 그림의 원으로 표시된 퍼즐 조각이 필요하므로 총 12개가 정답이다.

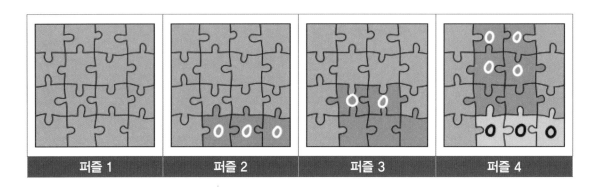

| 퍼즐 1 | 퍼즐 2 | 퍼즐 3 | 퍼즐 4 |

핵심 주제 및 참고 웹사이트

▶ 데이터 압축(Data Compression): https://en.wikipedia.org/wiki/Data_compression

문제 속의 정보과학

데이터 압축은 데이터를 더 적은 저장공간에 효율적으로 기록하기 위한 기술이다. 데이터 압축은 데이터를 더 작은 크기로 변환시키는 인코딩 과정과 저장된 데이터를 다시 불러와 원래 데이터 형태로 복원시키는 디코딩 과정으로 이루어진다.

이 문제에서 각 퍼즐은 16개의 조각으로 구성되어 있으므로 모든 조각을 저장할 경우 64개의 조각을 저장해야 한다. 하지만 이전 퍼즐과 다른 조각만 골라서 저장하면 첫 번째 퍼즐의 16개 조각에 12개의 다른 조각을 추가하여 28개 조각만 저장하면 된다. 이렇게 하면 데이터를 절반 이상 줄일 수 있다.

그룹 II : 09 고장난 키보드

😊 정답 C) ⓜ ⓒ ⓦ ⓗ ⓥ ⓖ ⓔ ⓢ

화면에 원하는 문자가 표시되기 위해서 눌러야 하는 키를 찾는 방법은 아래와 같다.

- (방법 1) 입력하려고 하는 문자를 키보드에서 찾는다.
- (방법 2) 찾은 문자가 각 줄의 가장 왼쪽에 있는 문자인 경우, 그 줄의 오른쪽 끝 키를 누른다.
- (방법 3) 찾은 문자가 각 줄의 가장 왼쪽에 있는 문자가 아닌 경우, 찾은 문자의 왼쪽 키를 누른다.

OVENBIRD의 경우, 찾은 문자가 각 줄의 가장 왼쪽에 있는 경우가 없으므로 (방법 1)과 (방법 3)을 활용해서 문제를 해결할 수 있다.

(방법 1)에 따라, OVENBIRD를 키보드에서 찾는다.

(방법 3)에 따라, 찾은 문자의 왼쪽 키를 누른다.

따라서 C가 정답이다.

(M)(C)(W)(H)(V)(G)(E)(S)

🔎 핵심 주제 및 참고 웹사이트

▶ 치환 암호(Substitution cipher): https://en.wikipedia.org/wiki/Substitution_cipher

▶ 시저 암호(Caesar cipher): https://en.wikipedia.org/wiki/Caesar_cipher

문제 속의 정보과학

치환 암호는 일정한 법칙에 따라 평문의 문자 단위를 다른 문자 단위로 치환하는 암호화 방식이다. 로마의 황제 시저는 간단한 치환 암호로 시저 암호를 사용하기도 했다. 시저 암호는 암호화하고자 하는 내용을 알파벳별로 일정한 거리만큼 밀어서 다른 알파벳으로 치환하는 방식이다. 예를 들어, 알파벳을 3글자씩 밀어내는 시저 암호로 'COME TO ROME'을 암호화하면 'FRPH WR URPH'가 된다.

그룹 II : **10** 해적과 보물

☺ 정답 D) 남, 동, 동, 남

💬 해설

해적 비버가 바다에 빠지지 않기 위해서는 해적과 보물을 잇는 대각선의 중심점을 통과해야만 바다에 빠지는 것을 피할 수 있다는 것을 쉽게 알 수 있다. 다른 모든 경로는 바다에 빠지는 경로이므로 바다에 빠지지 않는 D)가 유일한 정답이다.

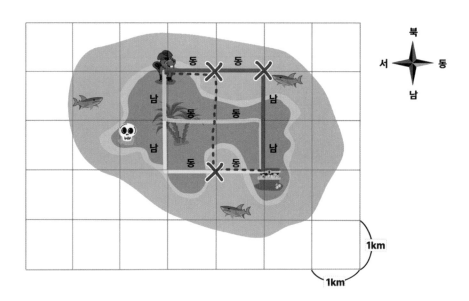

 핵심 주제 및 참고 웹사이트

▶ 그래프(Graph): https://en.wikipedia.org/wiki/Graph_(abstract_data_type)

▶ 그래프 이론(Toggle the table of contents Graph theory):

https://en.wikipedia.org/wiki/Graph_theory

 문제 속의 정보과학

컴퓨터 과학에서 지도는 종종 정점과 정점을 연결하는 간선으로 표현된다. 다양한 문제를 해결하기 위해 그래프 데이터 구조를 기반으로 알고리즘을 개발하는 경우가 많다. 이 문제에서는 지도에 정점과 간선이 있으며, 비버가 수평과 수직 방향으로만 움직여야 한다는 추가 제약 조건이 있다. 주어진 명령어에서 이동은 한 정점에서 다른 정점으로 연결되는 간선을 따라 이동하는 것에 해당한다.

그룹Ⅲ: 01 몬스터 카드

😊 정답 '나', '다', '다', '가', '가'

👤	◉	🐾	🦇	〰〰
ABC...	123...	123...	no/yes	no/yes

💬 해설

카드의 속성과 속성값을 정리한 결과는 다음과 같다. 카드의 속성값 유형을 정하면 각 속성별로 일관된 유형의 값을 갖도록 정리할 수 있다.

카드번호	이름(👤)	눈(◉)	다리(🐾)	날개(🦇)	이빨(〰〰)
1	JOSI	3	2	no	yes
2	MONI	3	2	no	yes
3	KILI	2	2	yes	yes
4	BENI	2	2	no	yes
5	LORI	2	5	no	yes
6	PHIL	2	2	no	yes

날개나 이빨 속성은 "X" 및 "✓"을 이용하여 '있고', '없음'으로 나타낸다. 따라서 날개나 이빨 속성은 no/yes 유형에 해당한다.

이름 속성은 JOSI, MONI, KILI, BENI, LORI, PHIL처럼 텍스트 값을 갖고 있기 때문에 ABC... 유형에 해당한다.

눈과 다리 속성은 각 몬스터가 가진 눈과 다리의 수를 숫자 값으로 갖고 있기 때문에 123... 유형에 해당한다.

🔍 핵심 주제 및 참고 웹사이트

▶ 자료형(Data_type): https://en.wikipedia.org/wiki/Data_type

▶ 문자열(String): https://en.wikipedia.org/wiki/String_(computer_science)

▶ 정수형(Integer): https://en.wikipedia.org/wiki/Integer_(computer_science)

▶ 부울형(Boolean): https://en.wikipedia.org/wiki/Boolean_data_type

🔍 문제 속의 정보과학

자료를 체계적으로 저장하려면 자료를 구조화하는 방법뿐만 아니라 값을 어떤 자료형으로 표시할 것인지도 고려해야 한다. 컴퓨터는 모든 것을 1과 0으로 저장한다. 1과 0은 무엇이든 나타낼 수 있으므로 자료형을 사용하여 컴퓨터가 1과 0을 해석하고 조작하는 방법을 알려준다. 프로그래밍에서 자료형은 올바른 종류의 정보가 사용되고 있는지 확인하는 데도 사용된다. 여기서는 세 가지 자료형을 사용한다.

- **ABC ...** 는 문자열 또는 텍스트형이다: 자료를 문자와 알파벳 문자로 나타낸다.
- **123...** 는 정수형이다: 자료를 숫자로 표시한다. 입력이 허용되는 숫자의 범위를 정의할 수도 있다. 다리가 3.5개인 몬스터는 없으므로 몬스터의 숫자 속성에는 정수만 의미가 있다.
- **no/yes** 는 부울형이다: 참 또는 거짓 값만 나타낸다.

자료의 용도에 따라 각각 다른 자료형을 사용하여 표현하는 것이 합리적이다. 누군가 몬스터의 날개가 몇 개인지 알고 싶다 했을 때, **no/yes** 유형은 몬스터에게 날개가 있는지 없는지에 대한 정보만 제공할 뿐, 날개가 몇 개인지에 대한 정보는 제공하지 않는다. 만약, 날개 속성에 날개 개수를 저장하려면 **123...** 유형을 사용해야 한다.

그룹Ⅲ: 02 색 인식 로봇

😊 정답 C)

💬 해설

아래 그림은 이 문항의 해결책을 보여준다.

A는 로봇이 X 표시된 빨간색 기호를 인식했을 때 오른쪽으로 회전한 다음 앞으로 한 칸 이동하기 때문에 다음 단계인 파란색 사각형 칸으로 이동할 수 없다. 따라서 A는 올바르지 않다.

B는 로봇이 X 표시된 빨간색 기호를 인식했을 때 벽에 부딪혀 계속 앞으로 이동할 수 없기 때문에 올바르지 않다.

D의 프로그램을 실행하면 로봇이 목표 위치에 도달하지 못하므로 올바르지 않다.

또 다른 해결 방법은 다음과 같다.

B와 D는 목표 위치로 가기 직전의 색상 기호가 파란색 사각형이 될 수 없어 정답이 아니다. 목표 위치 왼쪽 옆에 파란색 사각형이 하나 있는데 이 칸에서 목표 위치로 이동하려면 벽의 왼쪽 바깥에서 로봇이 이동해야

하는데 이는 불가능하다.

A는 마지막 빨간색 원가 목표 위치의 오른쪽에 있으므로 로봇이 초록색 삼각형이 있는 칸에서 아래로 내려오는 경우만 가능하다. 이 경우 프로그램 끝에서 세 번째 있는 빨간색 원을 인식하여 초록색 삼각형 칸으로 이동해야 하지만 로봇이 벽의 바깥에서 내려와야 해서 틀린 답이다. 이렇게 제거 방법을 사용하고 끝에서 코드를 확인하면 올바른 답은 C이다.

핵심 주제 및 참고 웹사이트

▶ 명령어(Command): https://en.wikipedia.org/wiki/Command_(computing)

▶ 프로그램(Program): https://en.wikipedia.org/wiki/Computer_program

▶ 테스트(Software Testing): https://en.wikipedia.org/wiki/Software_testing

문제 속의 정보과학

프로그래밍은 컴퓨터가 특정 작업을 수행하거나 문제를 해결하기 위한 지침을 만드는 과정이다. 특정 결과를 얻기 위해 컴퓨터가 따라야 할 단계의 목록을 제공하는 것이다.

이 문항에서 로봇은 감지한 색상을 기반으로 미리 정의된 명령어에 따라 작동한다. 잘못된 지시를 내리면 로봇은 사용자가 원하지 않는 작업을 수행한다.

프로그래밍을 할 때는 먼저 코드를 테스트하여 실행 시 어떤 일이 일어날지 파악하는 것이 중요하다. 예를 들어, 로봇이나 비행기에서 프로그램을 실행하여 결과를 확인하는 것은 비용이 많이 들거나 위험할 수 있다.

그룹Ⅲ: **03** 티피나그 문자

정답

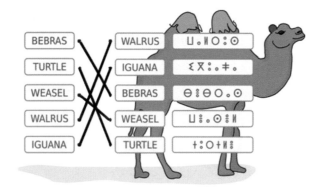

해설

먼저 영단어의 글자 수와 암호의 글자 수를 이용하여 문제를 해결할 수 있는지 확인한다. 영단어와 암호가 모두 6개의 문자로 구성되어 있기 때문에 이 방법으로는 해결이 불가능하다.

다른 방법으로는 문자의 패턴을 찾는 방법이다. 예를 들어, 하나의 영단어나 암호에 같은 문자가 2개 이상 들어가는 경우를 찾아 패턴을 분석할 수 있다. 또한 서로 다른 영단어와 암호에 같은 문자가 들어가 있는 경우를 찾아 패턴을 살펴보는 방법도 있다.

다음은 해결책을 찾는 방법에 대한 자세한 설명이다.

BEBRAS는 첫 번째와 세 번째 위치에 같은 알파벳이 있다. 암호에서 이 패턴을 가진 것은 ⊖ ⦂ ⊖ ○ 。 ⊙이다. 이를 통해 알파벳 B, E, R, A, S에 해당하는 암호 문자를 알 수 있다.

영단어 WEASEL과 WALRUS는 같은 알파벳(W)으로 시작하고 있다. 암호 중 이런 패턴을 가진 것은 Ц ⦂ 。 ⊙ ⦂ Ⅱ와 Ц 。 Ⅱ ○ ⦂ ⊙ 이다. 이 과정에서 W가 Ц라는 것을 알 수 있다. 이미 알게 된 B, E, R, A, S를 암호에 대응해 보면 WEASEL의 암호는 Ц ⦂ 。 ⊙ ⦂ Ⅱ이고, WALRUS의 암호는 Ц 。 Ⅱ ○ ⦂ ⊙이다.

TURTLE은 첫 번째와 네 번째 위치에 같은 알파벳이 있는데 같은 패턴을 가진 암호는 十 ⦂ ○ 十 Ⅱ ⦂ 이다.

IGUANA는 네 번째와 마지막 위치에 같은 알파벳이 있으며, 이 패턴을 가진 암호는 ∑ ⅹ ⁝ 。 ‡ 。 이다.

🔍 핵심 주제 및 참고 웹사이트

▶ 암호학(Cryptography): https://en.wikipedia.org/wiki/Cryptography

▶ 패턴 인식(Pattern Recognition): https://en.wikipedia.org/wiki/Pattern_recognition

🔍 문제 속의 정보과학

정보를 기록할 때 문자를 사용한다. 정보를 일반적인 문자로 표현하면 모든 상황에서 편리할 수 있지만 다음과 같은 상황에서는 문자를 다른 방법으로 표현해야 한다.

- 컴퓨터는 정보를 쉽게 생산하고 전송될 수 있는 방식으로 만들어져야 하며, 그래서 0과 1만을 사용하는 이진법을 사용한다.
- 앞을 볼 수 없는 사람들을 위한 책은 손끝으로 읽을 수 있는 점자 알파벳을 사용해야 한다.
- 군사 기밀, 은행 계좌 비밀번호 등 비밀로 유지해야 하는 정보가 있을 수 있다.

문자를 다르게 표현하는 문제에 대한 해결책은 글자의 방향을 바꾸고, 글자의 순서를 바꾸는 것에서 시작되었으며, 선택된 소수만이 기호를 올바르게 해석할 수 있도록 새로운 문자를 발명하는 것도 포함된다. 이 분야는 현재 기술과 함께 진화하고 있으며 컴퓨터 과학 분야에서 암호학이라는 새로운 과학으로 등장했다.

이번 문항은 알파벳에서 다른 문자로 암호 하나하나를 변환하는 간단한 과정을 보여준다. 이 과제를 해결하기 위해 패턴 인식(및 패턴 매칭)이 사용되며, 이 강력한 기술이 알 수 없는 글자를 이해하는 데 어떻게 사용될 수 있는지 잘 보여준다. 패턴 인식은 고대 이집트 상형문자를 이해하는 데 도움이 되었을 뿐만 아니라 DNA에 저장된 정보를 이해하는 데도 사용된다.

그룹Ⅲ: 04 장난감 컨베이어

😊 정답 D)

💬 해설

마틴이 분류를 시작하기 전에 장난감은 다음과 같은 순서로 정렬되어 있었다.

왼쪽에서 오른쪽으로 이동하면서 첫 번째 컨베이어가 회전하는 동안 마틴은 녹색 자동차(), 녹색-파란색 공(), 빨간색 자동차(), 보라색 자동차()를 순서대로 분류한다. 따라서 첫 번째 회전이 끝나면 컨베이어에 다음과 같은 장난감이 남는다.

두 번째 컨베이어 회전에서 마틴은 빨간색-녹색-노란색 공()과 흰색-파란색-노란색() 공을 집어 분류한다. 따라서 두 번째 회전이 끝나면 컨베이어에 다음과 같은 장난감이 남는다.

세 번째 회전에서 마틴은 비행기()를 분류한다.
컨베이어가 네 번 회전하고 마틴이 마지막으로 분류하는 장난감은 주황색 공()이다.

🔍 핵심 주제 및 참고 웹사이트

▶ 반복 구조(LOOP): https://en.wikipedia.org/wiki/Control_flow#Loops

▶ 요세푸스 문제(Josephus problem): https://en.wikipedia.org/wiki/Josephus_problem

 문제 속의 정보과학

반복 구조는 일련의 내부 구조 또는 연산을 여러 번 반복하는 제어 구조를 말한다. 이러한 반복 구조를 사용하면 지정된 조건에 따라 코드 블록을 반복적으로 실행할 수 있다. 프로그래밍 언어에는 for문, while문, do~while문 등 다양한 유형의 반복 구조가 있으며, 각각 다른 용도로 사용되며 반복을 제어하는 다양한 방법을 제공한다.

이와 같은 문제를 정보과학에서는 요세푸스 문제라고 한다. 요세푸스 문제는 n명의 사람이 동그랗게 모여있을 때 임의의 한 사람부터 순서를 세어 k번째 사람을 모임에서 제외한다. 이것을 아무도 남지 않을 때까지 계속 반복해서 마지막으로 제외되는 사람을 구하는 문제이다.

그룹Ⅲ: **05** 울타리 칠하기

😊**정답** A)

💬**해설**

이미 첫 번째 판자를 빨간색으로 색칠했기 때문에 빨간색 판자가 비스킷에 해당한다. 따라서 샌드 과자의 패턴과 같이 비스킷 부분은 빨간색 페인트로 크림 부분은 노란색 페인트로 색칠한다.

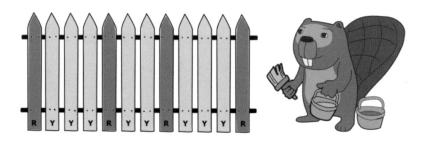

 핵심 주제 및 참고 웹사이트

▶ 패턴 인식(Pattern Recognition): https://en.wikipedia.org/wiki/Pattern_recognition

▶ 데이터 및 정보 시각화(Data and Information Visualization):

　https://en.wikipedia.org/wiki/Data_and_information_visualization

🔍 문제 속의 정보과학

패턴 인식은 컴퓨팅 사고의 중요한 기술 중 하나이다. 데이터 압축, 컴퓨터 비전 및 머신러닝 등에서 패턴 인식이 활용된다. 패턴 인식 시스템은 일반적으로 학습 데이터로 훈련되며 그 결과를 새로운 데이터에 적용할 수 있다. 또한 컴퓨터가 데이터에서 새로운 패턴을 찾도록 할 수 있다.

정보과학에서 자주 볼 수 있는 정보의 다양한 표현 방식과도 관련이 있다. 예를 들어, 비버챌린지에서 특정 그룹의 학생들이 각 문항에 대해 얼마나 많은 정답을 맞혔는지에 대한 데이터는 표로 나타낼 수 있지만, 같은 정보를 다이어그램으로 표현할 수도 있다. 데이터 및 정보 시각화는 방대한 양의 복잡한 데이터와 정보를 전달하기 쉽고 이해하기 쉬운 그래픽 또는 시각적으로 표현하는 분야이다. 특정 분야에서 수집한 데이터와 정보를 기반으로 사용자가 데이터 내의 구조, 관계, 추세, 변화 등을 시각적으로 탐색하고 발견하고, 빠르게 이해하고, 해석하고, 중요한 통찰력을 얻도록 돕기 위해 활용된다. 데이터 및 정보 시각화 분야는 통계적 데이터 분석, 데이터 및 정보 시각화, 인간의 분석적 추론을 결합하여 인간 사용자가 결론을 도출하고 실행 가능한 통찰력을 얻고 컴퓨터가 하기 어려운 정보에 입각한 결정을 내릴 수 있도록 돕는다.

그룹Ⅲ: 06 달걀 배달

☺ 정답   C) 3

💬 해설

마을에 있는 4개의 집을 1~4, 5개의 장애물을 가~마, 6개의 당근을 A~F로 표시하였다.

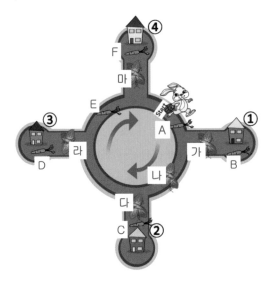

토끼는 이동하는 과정에서 달걀 배달하기, 당근 먹기, 장애물 제거하기, 장애물 피해 다음 집으로 이동하기 등의 동작을 수행한다. 시작(Start)의 위치에서 출발한 토끼가 최대한 빨리 4집 모두에 달걀을 배달하기 위해 수행하는 동작의 순서는 아래와 같다.

순서	당근	장애물	집	수행 동작
1	A			~를 먹는다.
2		가		~를 제거한다.
3	B			~를 먹는다.
4			1	~에 달걀을 배달한다.
5		나		~를 제거한다.
6		다		~를 피해 다음 집으로 이동한다.
7		라		~를 피해 다음 집으로 이동한다.
8	E			~를 먹는다.
9		마		~를 제거한다.
10	F			~를 먹는다.
11			4	~에 달걀을 배달한다.
12		다		~를 제거한다.
13	C			~를 먹는다.
14			2	~에 달걀을 배달한다.
15		라		~를 제거한다.
16	D			~를 먹는다.
17			3	~에 달걀을 배달한다(배달 완료).

토끼는 4개의 집에 달걀을 배달하는 순서는 1번 → 4번 → 2번 → 3번이고 가장 마지막에 배달하는 집은 3번 집이다.

🔎 핵심 주제 및 참고 웹사이트

▶ 반복 구조(LOOP): https://en.wikipedia.org/wiki/Control_flow#Loops

문제 속의 정보과학

이 작업에서 토끼는 달걀을 배달하기 위해 원형 길을 반복하여 이동한다. 때때로 컴퓨터 프로그램도 비슷한 작업을 수행한다. 컴퓨터 프로그램은 반복 구조를 수행할 수 있는데, 이는 동일한 명령어를 여러 번 반복하는 것을 의미한다. 각 반복 구조는 다른 데이터에 대해 작업하거나 동일한 데이터에 대해 약간 다른 작업을 수행하기도 한다.

원형 길을 한 바퀴 도는 것을 하나의 반복 구조로 정의할 수 있다. 반복 구조가 진행되는 동안 토끼는 장애물 제거, 당근 먹기, 달걀 배달과 같은 명령을 실행할 수 있다.

그룹III : **07** 벽돌 공장

☺ **정답** A

💬 **해설**

[1단계] 먼저 기계 A는 벽돌 2 위에 벽돌 1을 올려 아래의 그림처럼 새로운 벽돌을 만든다.

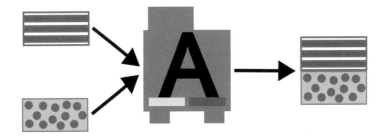

[2단계] 1단계에서 만들어진 벽돌은 기계 B의 벽돌 2가 된다. 함께 입력된 벽돌 1과 새로운 벽돌을 만든다.

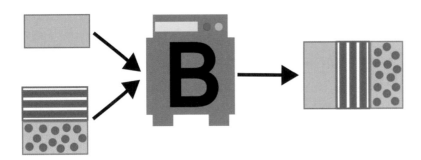

[3단계] 2단계에서 만들어진 벽돌은 기계 A의 벽돌 1이 되고 함께 입력된 벽돌 2를 만나 최종 벽돌이 만들어진다.

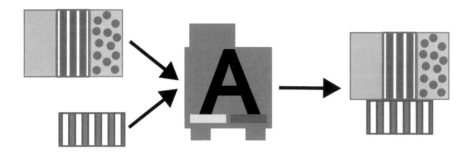

🔍 핵심 주제 및 참고 웹사이트

▶ 함수(Function): https://en.wikipedia.org/wiki/Function_(computer_programming)

🔍 문제 속의 정보과학

함수는 소프트웨어(프로그램)에서 특정한 작업을 위해 재사용할 수 있도록 구현한 코드 블록이다. 하나의 큰 프로그램을 여러 부분으로 나누어주기 때문에 같은 함수를 여러 상황에서 여러 차례 호출하여 사용할 수 있다.

프로그램의 특정 부분에서 함수를 호출하면 함수는 특정 변수에 값을 전달하기도 하는데 이 변수를 "매개변수"라고 한다. 함수가 호출되면 계산을 수행하고 함수가 종료되면 원래의 루틴으로 돌아간다. 이때 함수가 계산한 값을 반환값으로 사용할 수도 있다.

프로그램에서 함수를 사용하면 복잡한 프로그램을 더 간단한 단계로 분해하여 구조적인 프로그래밍이 가능하고 프로그램 내 중복코드를 줄일 수 있다는 장점이 있다.

그룹Ⅲ: **08** 수상 도시 축제

 **정답** C) 10

해설

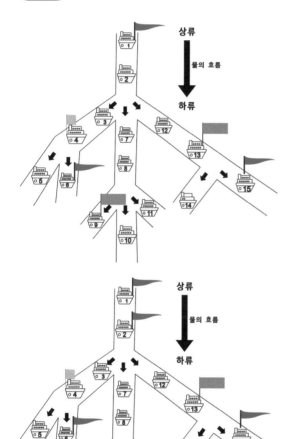

가장 상류에 있는 배(1번 배)부터 하류의 모든 배에 다음과 같이 번호를 붙일 수 있다.

2번 배가 상류에서 가장 가까운 배는 바로 위쪽에 있는 1번 배이므로 2번 배는 빨간색 삼각형 깃발을 단다.

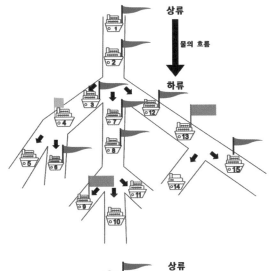

3, 7, 12번 배에도 각각 빨간색 삼각형 깃발을 달아야 한다. 이 배들의 가장 가까운 상류의 배는 2번 배이다.

이어서 8번 배도 가장 가까운 상류의 7번 배를 따라 빨간색 삼각형 깃발을 단다.

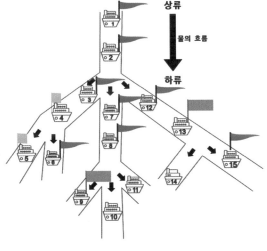

다음은 5번 배이다. 가장 가까운 상류의 배는 파란색 사각형 깃발을 단 4번 배이므로 5번 배에는 파란색 사각형 깃발을 단다.

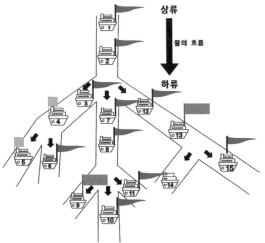

다음은 10, 11번 배이다. 두 배 모두 가장 가까운 상류에 배는 8번 배이므로 빨간색 삼각형 깃발을 단다.

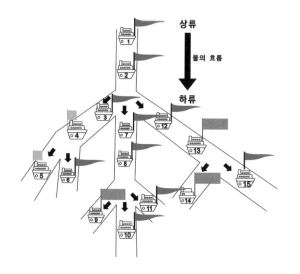

마지막으로 깃발을 달지 않은 14번 배는 가장 가까운 상류의 배인 13번 배를 따라 초록색 직사각형 깃발을 단다.

이 과정을 거치면 모든 배가 깃발을 단다. 빨간색 깃발을 단 배의 개수는 10이다.

핵심 주제 및 참고 웹사이트

▶ 상속(Inheritance): https://en.wikipedia.org/wiki/Inheritance_(object-oriented_programming)

문제 속의 정보과학

이 문항에서 하류의 배가 상류의 배와 같은 깃발을 다는 것을 상속의 개념으로 설명할 수 있다. 상속은 객체 지향 프로그래밍에서 사용되는 개념으로 다른 객체 또는 클래스에 기반하여 유사한 구현을 유지하면서 객체나 클래스를 정의하는 방식이다. 대부분의 클래스 기반 객체 지향 언어에서 상속을 통해 생성된 객체인 자식 객체(이 문항에서의 하류의 배)는 기본 클래스의 일부 속성 및 함수를 제외하고 부모 객체(이 문항에서의 상류의 배)의 모든 속성과 기능을 얻는다. 객체 지향 프로그래밍에서는 상속받은 속성과 기능을 대체할 수 있도록 허용하는데 이 프로세스를 "재정의(오버라이딩)"라고 한다. 이 문항에서 가장 상류의 배가 빨간색 삼각형 깃발을 달고 있지만 모든 배가 빨간색 삼각형 깃발을 달지 않게 되는 이유는 강의 중간에서 각각의 깃발을 달고 있는 배가 깃발의 속성을 재정의하고 있기 때문이다.

그룹 III : 09 축구 대회

😊 **정답** C) 울산과 인천 경기

💬 **해설**

팀명	대구	전주	수원	인천	울산
대구		승	승	무	무
전주	패		무	패	패
수원	패	무		패	무
인천	무	승	승		**승**
울산	무	승	무	**승**	

경기 결과표에 표시된 울산과 인천 팀 간 경기는 두 팀 모두 승리로 표시되어 있어 이는 모순이다.

🔍 핵심 주제 및 참고 웹사이트

▶ 데이터 손상(Data Corruption): https://en.wikipedia.org/wiki/Data_corruption

▶ 데이터 일관성(Data Consistency): https://en.wikipedia.org/wiki/Consistency_(database_systems)

🔍 문제 속의 정보과학

데이터 손상은 데이터를 쓰기, 읽기, 저장, 전송 또는 처리 중에 발생하는 컴퓨터 데이터의 오류로 인해 원본 데이터에 의도치 않은 변경이 발생하는 것을 말한다.

데이터 불일치란 데이터 세트 내 또는 일치하거나 정렬되어야 하는 데이터 세트 간에 일관성이나 일치성이 부족한 것을 말한다. 이러한 불일치는 다양한 이유로 발생할 수 있으며 데이터 분석 및 의사 결정 프로세스의 신뢰성과 정확성에 상당한 영향을 미칠 수 있다.

정답 D)

해설

게임판에 말을 놓을 수 있는 규칙을 확인하면 ▲ 말을 놓을 수 있는 칸을 찾을 수 있다.

(1) ⬤ 말이 놓인 위쪽 첫 번째 가로줄에는 ▲ 말을 놓을 수 없다.

(2) ⬛ 말이 놓인 왼쪽 첫 번째 세로줄에는 ▲ 말을 놓을 수 없다.

(3) ⭐ 말이 오른쪽 아래 모서리에 있으므로 대각선에 위치한 표의 가운데 칸에는 ▲ 말을 놓을 수 없다.

(1)
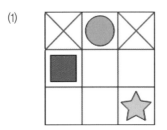

(2)
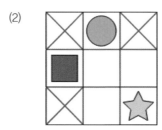

(3)
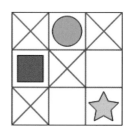

따라서 ▲ 말을 놓을 수 있는 위치는 두 가지뿐이다. 이러한 위치 중 하나에 삼각형 말을 놓은 그림은 D이다.

핵심 주제 및 참고 웹사이트

▶ 제약 조건 충족 문제(Constraint Satisfaction Problem, CSP):

https://en.wikipedia.org/wiki/Constraint_satisfaction_problem

문제 속의 정보과학

이 문항에서 새로운 말을 배치할 때는 각 말이 가지고 있는 제약 조건을 만족하는지 여부를 확인해야 한다. 이렇게 복수의 제약 조건을 충족하는 해결 방법을 찾아내는 유형의 문제를 "제약 조건 충족 문제"라고 한다.

제약 조건 충족 문제는 변수들과 그 변수들이 가질 수 있는 값들의 집합, 그리고 이 변수들 사이의 제약 조건으로 이루어져 있다. 퍼즐 문제, 일정 관리, 계획, 리소스 할당 등 다양한 상황에 적용된다. 규칙성이 없어 보이는 여러 계열의 문제를 분석하고 해결을 위한 기반을 제공하고 있기 때문에 인공지능, 운영 연구 분야에서도 연구가 이루어지고 있다.

비버챌린지 공식 교재 안내

[책 소개] Bebras Korea가 직접 집필한 Bebras Challenge 공식 교재이다. 비버챌린지 문제를 통해 컴퓨팅 사고력을 기르고, 소프트웨어와 정보과학을 재미있고 의미있게 학습할 수 있다.

[이 책이 필요한 사람] 첫째, 컴퓨팅 사고력을 기르고 싶은 사람
둘째, 비버챌린지 참가자

◀ 비버챌린지 II
: 비버챌린지로 배우는 소프트웨어(초등학생용)

Bebras Korea 지음 / 정가 15,000원

비버챌린지 II ▶
: 비버챌린지로 배우는 정보과학(중학생용)

Bebras Korea 지음 / 정가 15,000원

◀ 비버챌린지 II
: 비버챌린지로 배우는 정보과학(고등학생용)

Bebras Korea 지음 / 정가 15,000원

비버챌린지와 함께하는 컴퓨팅 사고와 정보과학 ▶
: 2024년도 기출문제집(초등학생용)

Bebras Korea 지음 / 정가 13,000원

◀ 비버챌린지와 함께하는 컴퓨팅 사고와 정보과학
: 2024년도 기출문제집(중 · 고등학생용)

Bebras Korea 지음 / 정가 15,000원

비버챌린지와 함께하는 컴퓨팅 사고와 정보과학 ▶
: 2023년도 기출문제집(초등학생용)

Bebras Korea 지음 / 정가 13,000원

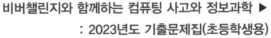

◀ 비버챌린지와 함께하는 컴퓨팅 사고와 정보과학
: 2023년도 기출문제집(중 · 고등학생용)

Bebras Korea 지음 / 정가 15,000원

◀ 비버챌린지와 함께하는 컴퓨팅 사고와 정보과학
: 2022년도 기출문제집(초등학생용)

Bebras Korea 지음 / 정가 13,000원

비버챌린지와 함께하는 컴퓨팅 사고와 정보과학 ▶
: 2022년도 기출문제집(중 · 고등학생용)

Bebras Korea 지음 / 정가 15,000원

◀ 비버챌린지와 함께하는 컴퓨팅 사고와 정보과학
: 2021년도 기출문제집(초등학생용)

Bebras Korea 지음 / 정가 11,000원

비버챌린지와 함께하는 컴퓨팅 사고와 정보과학 ▶
: 2021년도 기출문제집(중 · 고등학생용) [전자책]

Bebras Korea 지음 / 정가 10,000원

◀ 비버챌린지
2020년도 기출문제집(초등학생용)

Bebras Korea 지음 / 정가 10,000원

비버챌린지 ▶
2020년도 기출문제집(중 ·고등학생용) [전자책]

Bebras Korea 지음 / 정가 10,000원

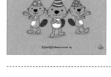

◀ 비버챌린지
2019년도 기출문제집(초등학생용)

Bebras Korea 지음 / 정가 10,000원

비버챌린지 ▶
2019년도 기출문제집(중 ·고등학생용) [전자책]

Bebras Korea 지음 / 정가 8,000원

◀ 비버챌린지
2018년도 기출문제집(초등학생용)

Bebras Korea 지음 / 정가 8,000원

비버챌린지 ▶
2018년도 기출문제집(중 ·고등학생용)

Bebras Korea 지음 / 정가 10,000원

◀ 비버챌린지
2017년도 기출문제집(초등학교 3~4학년용)
[전자책]

Bebras Korea 지음 / 정가 4,000원